평생학습으로의 초대

평생학습으로의 초대

100세 시대, 인생을 바꾸는 행복한 습관

초 판 1쇄 2024년 05월 24일

지은이 옥제영
펴낸이 류종렬

펴낸곳 미다스북스
본부장 임종익
편집장 이다경, 김가영
디자인 윤가희, 임인영
책임진행 김요섭, 이예나, 안채원, 임윤정

등록 2001년 3월 21일 제2001-000040호
주소 서울시 마포구 양화로 133 서교타워 711호
전화 02) 322-7802~3
팩스 02) 6007-1845
블로그 http://blog.naver.com/midasbooks
전자주소 midasbooks@hanmail.net
페이스북 https://www.facebook.com/midasbooks425
인스타그램 https://www.instagram/midasbooks

ⓒ 옥제영, 미다스북스 2024, *Printed in Korea*.

ISBN 979-11-6910-655-9 03190

값 18,500원

미다스북스는 다음세대에게 필요한 지혜와 교양을 생각합니다.

평생학습으로의 초대

100세 시대, 인생을 바꾸는 행복한 습관

옥제영 지음

미다스북스

평생학습의 세계로 초대합니다.

인생을 바꾸는 첫걸음을 떼다

세상을 원망하고 환경을 탓하며 시간을 보냈다. 나에게 왜 이런 시련이 주어졌을까? 왜 하필 비련의 여주인공이 나일까? 하루의 시간을 부정적인 생각으로 보냈다. 그러던 어느 날 세상을 탓하며 보낸 시간이 나에게 무슨 도움이 되었을까? 어떤 결과물이 있었을까? 라는 생각이 들었다. 나에게 도움이 된 것도 결과물도 없었다.

"지금부터라도 과거와 다르게 살아 보자!"라고 생각을 바꾸었다.

부정적인 생각으로 세상을 바라보지 않고 긍정적인 생각으로 세상을 맞이했다. 나의 현실을 인정하고 지금 자리에서 할 수 있는 것부터 차근차근 시작했다. 공부를 시작하고 인생의 변화가 시작되었다. 성장하기 시작했다. 평생학습으로 박사와 교수가 되었다.

내 이야기를 세상에 꺼내기까지 고민의 시간이 많았다. 하지만, 누군가 나와 같은 환경의 결핍으로 힘들어하고 있다면 나의 이야기를 전함으로써 도움이 되고 싶었다. 도전하면 꿈을 이룰 수 있다는 희망을 전하고 싶었다.

TV에서 스치듯 지나가는 '방송통신고등학교' 학생 모집이 내 눈에서 멈춘다. 방송국에 전화하고 신문을 찾아보고 인터넷에 검색했다. 운명처럼 찾아간 '방송통신고등학교'는 엄마의 품처럼 나를 안아 주었다. 오마이 겐이치 작가의 책 『난문쾌답』에서 인생을 바꾸는 세 가지 방법을 소개한다.

첫째, 만나는 사람을 바꿀 것, 둘째, 시간을 다르게 사용할 것, 셋째, 사는 곳을 바꿀 것이다.

'방송통신고등학교'는 인생을 바꾸는 시발점이 되었다. 학우들은 나이, 성별, 직업도 살아온 인생 이야기도 다양했다. 인생 선배인 학우들에게 삶의 지혜를 배웠다. 학우 중 막내라 사랑과 관심을 듬뿍 받았다. 학교생활에 스펀지처럼 적응해 갔다. 물 만난 고기 같았다. '코이'라는 물고기가 있다. 작은 어항에서 기르면 10㎝ 이상 자라지 않지만, 수족관이나 연못에서는 30㎝까지 자란다. 강물에 방류하면 120㎝까지 자란다. 같은 물고기지만 어항에서 기르면 피라미가 되고 강물에 풀어두면 대어로 변한다. 환경에 따라 성장의 크기가 달라지는 '코이의 법칙'이 여기서 나왔다. 환경이 좋지 않아도 주변에서 마음을 다해 도와주고 용기를 북돋아 주면 성장 가능성이 무궁무진해진다. 가난하고 힘없는 이들에게 어항이 아니라 강물처럼 도와주는 환경이 중요하다.

학교 가는 날이 기다려졌다. 학교에서는 공부만 하는 것이 아니라 인생 경험이 풍부한 학우들의 태도를 보고 배웠다. 학교에서 정규 학위도 받고 인생 공부까지 할 수 있는 이런 천국이 어디 있단 말인가? 10년, 20년 뒤에도 학우들보다 나이가 적다. 희망이 생겼다. 인생이 이렇게 길구나! 내 또래만 만났다면 감히 듣지 못할 지혜의 말을 가슴속에 담았다. 학교에서 공부보다 더 중요한 인생 지침서로 일상을 바꾸는 계기가 되었다. 학우들은 개인적인 사정으로 학업을 이어가지 못했던 것을 알기에 이해하고 보듬어 주었다. 격려해 주었다. 학력 보완으로 시작한 학습이지만 정서적으로도 안정되고 치유가 되었다. 학교는 내게 웃음, 즐거움, 성취감, 자존감, 평온함을 주었다. 학교생활이 재미있으니 학업 성적도 좋았다. 부정적인 마음도 정화하고 동기부여가 되는 감사한 시간이었다.

"환경 탓이 아니구나! 나의 해석이었구나." 이전과 다르게 생각하고 행동하게 되자 세상의 공기가 차가움에서 따스함으로 바뀌었다. 세상을 해석하는 건 내 마음이었다.

"하늘은 스스로 돕는 자를 돕는다." 나 스스로가 불행하고 할 수 없다고 생각하는데 누가 나를 도와줄까? 스스로 믿어야 한다. '나는 할 수 있다!', '나는 운 좋은 사람이다!', '나의 결핍을 인정하고 채우자.'라고 생각을 바꾸니 신기한 일이 벌어졌다. 좋은 인연이 의도치 않게 찾아왔다. 진심으로 나의 성장을 응원하고 도움을 주고자 하는 인연들이 왔다. 평생학습의 마중물은 '방송통신고등학교' 입학이었다.

학원 경영을 계속할까? 말까? 고민하던 중에 모임 자리에서 '산업교육 강사' 이야기를 듣게 되었다.

"산업교육 강사? 그게 뭐예요?"

"학교, 관공서, 공공기관, 기업체, 단체 등에서 전문 분야를 강의하는 사람입니다. 자세한 것은 인터넷에 찾아보세요."라고 지인은 말했다. 그렇게 강사의 길은 물 흐르듯 자연스럽게 시작되었다. 강사를 하면서 또 다른 나를 발견한다. 소명 의식이 생겼다. 학습자에게 도움이 되는 강사가 되고 싶었다. 학습자를 돕고, 내가 좋아하는 일을 오랫동안 하기 위해서 평생학습은 필수다. 평생학습으로 배움을 다지고 지식을 확장해 나가야 한다. 100세 시대다. 평생학습이 습관이 된다면 건강하고 행복한 삶을 살아갈 수 있다.

평생학습을 통해 살아온 삶의 지혜를 글로 전하고 싶었다. 독자 중 누군가 결핍이 있다면 주저하지 말고 도전하길 바라는 마음이다. 세상은 어둠이 아닌 빛으로 가득 찬 아름다운 곳이다. 세상의 진가는 학습을 통해 알게 되고 보이게 된다. 학습은 앎이다. 학습은 삶이다. 인생을 빼고 학습을 논할 순 없다. 평생학습은 삶의 질 향상과 더불어 행복한 습관이다. 삶이 성장하는 학습이다.

평생학습으로의 초대는 총 5장으로 구성되어 있다. 제1장, '학습하지

않는 삶: 희망 없는 내일'. 오늘과 다른 내일을 꿈꾸지만, 일상은 무료하게 보내면서 막연히 희망을 그리며 살아간다. 엘리베이터가 끊어진 길목에서 사춘기 소녀의 부모님 잃은 슬픔과 방황, 가정을 이루고 좌충우돌하며 살아가는 이야기가 담겨 있다. 제2장, '시작하는 평생학습: 1g의 시작' 저자의 부정적이었던 마음이 긍정적으로 바뀌면서 평생학습을 시작한다. 가정을 평생학습의 출발점으로 새로운 도전을 이어간다. 인생 책을 만나 마음의 소리에 귀를 기울인다. 제3장, '소통하는 평생학습: 100세 시대, 학습은 필수' 시대가 변하면 학습도 시대에 맞게 전환해야 한다. 학습하는 과정에서 타인과의 경쟁이 아닌 자신의 성장에 집중하며, 실천을 통해 삶의 변화가 이루어진다. 제4장, '함께하는 평생학습: 꿈을 향한 도약' 꿈을 이루기 위해 일상에서 온몸으로 학습을 실천했던 저자의 모습을 생생하게 담았다. 제5장, '지속하는 평생학습: 터닝포인트가 되다.' 평생학습을 통해 인생이 달라지는 경험과 삶의 지혜가 안내되어 있다.

옥제영

차례

제4장 함께하는 평생학습·꿈을 향한 도약

제5장 지속하는 평생학습: 인생의 터닝포인트

제1장

학습하지 않는 삶: 희망 없는 내일

새로운 내일을 향한 도전

새로운 내일을 원한다면 무료한 일상을 보내지 않아야 한다. 무료한 일상을 보내지 않기 위해 목표를 세워야 한다. 목표를 세우면 좋은 점이 세 가지가 있다.

첫째, 열심히 살게 된다. 공부를 시작하면서 시간을 초 단위로 나누어 밀도 높게 사용했다. 목표에 방해되는 시간은 만들지도 사용하지도 않았다.

둘째, 성취감이 있어서 이루어지면 즐겁고 행복하다. '독서지도사' 자격증 취득이라는 목표를 세웠다. 자격증을 취득해 성취감을 처음으로 느꼈다.

셋째, 목표를 이루어 가는 과정에서 성장, 발전한다. '독서지도사' 과정의 동기이자 인생 선배들이 또 다른 인생 목표가 되었다. 동기들 모습처럼 살고 싶었다. 평생 공부하는 모습과 세상에 도움이 되는 미래의 모습을 꿈꾸었다. 인생 선배이자 동기와 함께한 시간은 평생학습으로 이어졌다.

일상을 무료하게 보내는 사람들의 특징이 있다.

첫째, 뒷말한다. 뒷말할 때 다른 사람 이야기는 긍정적인 이야기보다 부정적인 이야기가 많다. 친구들과 시간을 보내기 가장 좋은 방법이자 다른 사람 이야기라 책임지지 않아도 된다. 목표도 없고, 도전하지 않는 자신을 남의 험담으로 합리화한다. 자신의 문제를 직시하지 않고 다른 사람 이야기로 자신의 문제를 덮어 버리며 회피한다.

둘째, 상대방 눈치를 많이 본다. 내 기분보다 상대방 기분이 우선이다. 상대방 기분을 맞추다 보니 실속 없이 혼자 바쁘다. 평화주의자다. 어린 시절 집안 어른들은 다툼이 잦았다. 내가 잘못한 것 같아 걱정도 되고 불안했다. 내가 할 수 있는 것은 어른들 기분 맞추는 것이 전부였다. 사회생활 하면서 다른 사람 기분을 잘 맞추면서 어디서든 사람 좋다는 소리를 들었다. 다른 사람 눈치를 많이 살피고 있었다. 사람들과 같은 공간에 있으면서 불편한 분위기는 싫어했다. 그래서 대화를 먼저 시도했다. 상대방 눈치를 보는 사람들의 특징이 여기서 나타난다. 사랑을 받으려고 모든 사람의 기분을 맞추는 것이다. 하지만, 모든 사람에게 사랑받지도 못하고 사랑을 할 수도 없다. 자신의 감정이나 생각보다는 남 눈치를 보며 행동한다. 자존감이 낮아 자신을 비하하고 모든 잘못을 자기 자신에게 돌린다. 공부를 시작하면서 도전이 성취로 이어지자 자존감이 올라갔다. 다른 사람 눈치보다는 조금 불편하지만 내 주장이나 의견을 말한다. 자신감과 당당함을 겸비한 사람이 되었다.

셋째, 남 탓을 한다. 세상 탓, 환경 탓, 선생님 탓을 했다. 세상 탓, 부모님 탓, 사랑을 주지 않는 선생님 탓에 공부하지 않는다며 자신을 합리화했다. 하루의 시간을 그냥 흘려보내면서 내 인생은 재미없다고 투덜거렸다. 남 탓을 하면서 지금 일어나는 모든 상황이 이럴 수밖에 없다고 합리화했다. 하루를 의미 없는 시간을 보내면서도 마음 한구석에는 뭔가 모를 불안감이 있었다.

무료한 일상을 보내지 않아야 하는 이유가 있다.

첫째, 무기력해진다. 학교 제자 중 내성적이고 착한 학생이 있었다. 수업 시간에 얼굴도 한번 들지 않고 책상만 바라보고 있다. 학생의 시선을 칠판이 있는 곳으로 유도하기 위해 질문을 한다. 하지만, 어떤 질문에도 대답은 한결같다. "잘 모르겠어요. 몰라요." 나는 포기하지 않고 계속 질문을 했다.

"영희야 언제가 가장 행복해?"

"누워 있을 때요."

"누워 있을 때? 왜?"

"그냥요."

"영희 꿈은 뭘까?"

"모르겠어요. 생각 안 해 봤어요."

"좋아하는 건 뭐야?"

"좋아하는 거 없어요. 귀찮아요. 학교는 왜 와야 하는지 모르겠어요. 엄마가 학교 가라고 해서 억지로 와요."

수업 중 학생들의 무기력한 상황을 자주 만나게 된다. 학생들에게 동기부여나 좋은 말로 설득을 해도 좀처럼 마음의 문을 열지 않는다. 책을 보거나 미래에 대한 꿈은 꾸지 않고 시간을 허비해 버린다. 게임을 하거나 유튜브를 본다.

둘째, 우울증에 걸릴 수 있다. 우울증은 마음의 감기라고 한다. 처음에 가벼운 감기로만 생각한다면 심각한 증상으로 이어질 수 있다. 우울증이 지속 되면 세상을 부정적으로 바라본다. 친구들과 만나지도 않고 방에서 나오지 않는다. 자기만의 세계에 빠진다. 새로운 일에 도전하지 않고 핑계만 찾는다. 성취감을 맛보지 않아 자존감이 낮다. 긍정적으로 생각하는 습관도 도움이 된다. 규칙적인 운동과 균형 잡힌 식습관도 중요하다. 우울증에는 새로운 도전으로 인한 일상의 활력이 가장 좋은 치료제다.

목표 없이 무료한 시간을 보내면서 색다른 내일을 원했다. 환경 탓을 하며 시간을 물 흐르듯 보냈다. '고등학교 졸업'이라는 목표에 도전했고 성취했다. 성취감을 알게 되면서 일상에 생기와 활력이 넘치고 다음 도전으로 이어졌다. 인생 태도가 수동적인 삶에서 주도적인 삶으로 바뀌었다. 도전할까 말까, 고민이 될 때는 도전한다. 도전은 경험이라는 소중한 재산을 만들어 준다. 남 눈치 보며, 남 탓하며 시간을 허비하지 않는다. 아무것도 하지 않으면 아무 일도 일어나지 않는다. 이불속에만 있으면 위험한 일은 생기지 않는다. 하지만, 성공만큼 중요한 것은 도전이다. 실패해도 도전하는 과정에서 성장, 발전한다. 도전했다는 자체가 성공이다. '개인 저서' 출간이라는 새로운 목표가 생겼다. 명절 연휴 마지막 날 책상 앞에 앉는다.

미신으로는 해결할 수 없는 미래

엄마는 안 좋은 일이 있을 때마다 무속인을 불러 마당 굿을 했다. 아버지가 돌아가시고 여자의 몸으로 가장의 역할을 하기가 얼마나 힘들고 울고 싶은 날이 많았을까? 엄마도 답답하고 의논하고 싶을 때는 누군가에게 의지하고 기댈 곳이 필요했다. 엄마에게 무속인은 마음으로 기댈 수 있는 사람이었다. 내가 무속인을 처음 봤을 때 밤길에 귀신을 본 것처럼 오싹했다. 어제의 일처럼 생생하게 떠오르는 기억은 충격과 트라우마로 남아 있다.

나는 몸이 허약한 아이였다. 일 년에 서너 번은 크게 아팠다. 감기 증세인 오한, 발열로 몇 날 며칠을 누워 있었다. 하지만 엄마는 읍내 병원에 데려가지 않았다. 영양제라도 맞았더라면 회복이 빨랐을 것이다. 엄마는 시간이 지나면 나을 병이라고 생각했다. 밥과 반찬은 한약 맛이 났다. 입이 써서 침을 삼키면 입안에 가루약이 잔뜩 들어 있는 것 같았다. 엄마가 걱정하지 않게 밥을 먹어보려 했지만, 밥이 목으로 넘어가지 않았다. 일주일 이상 식은땀과 고열을 반복했다. 엄마는 아픈 자식에게 아무것도 해줄 수 없는 현실에 답답하고 마음 아파했다. 내가 나을 때까지 식사도 하지 않았다. 자식에 대한 사랑을 온몸으로 보여주었다. 그날도 지독한 고뿔에 걸려 고열과 식은땀으로 몇 날 며칠을 누워만 있었다. 엄마는 나를 억지로 일으켜 세웠다. 며칠 만에 일어나니 머리가 바람개비처럼 빙글빙글 돌았다. 방바닥은 지진 난 것처럼 흔들리고 있었다. 엄마는 다리가 흐느적거리는 나를 부축해 집 앞마당으로 데려갔다.

마당 한가운데는 초등학교 교실 의자가 놓여 있었다. 엄마는 넘어지려고 하는 나를 겨우 의자에 앉혔다. 기운이 없어 가늘게 뜬 두 눈 속에 한 사람이 보였다. 무속인은 호랑이 눈빛으로 나를 쳐다보았다. 얼굴은 강시처럼 하얗고 짙은 검정 눈썹에 빨간 립스틱을 발랐다. 한복은 무지개 색깔의 화려한 무늬였고 왼손은 방울을 들고 오른손은 부채를 들고 있었다. 장구와 북을 앞에 둔 두 사람도 미소를 지으며 나를 쳐다봤다. 무속인은 굿 마당 준비를 마치고 나를 기다리고 있었다.

무속인은 장구와 북소리 장단에 맞춰 내 주위를 돌기 시작했다. 무속인은 왼손에 5개 알이 달린 방울을 흔들며 알 수 없는 언어로 중얼거렸다. 방울을 흔들면서 천천히 내 몸 오른쪽으로 돌았다. 처음에는 천천히 돌더니 점점 발이 빨라지면서 덩실덩실 춤을 추었다. 잠시 후 왼손에서 흔들던 방울을 멈추었다. 오른손에 쥐고 있던 부채를 하늘 높이 휘저으며 알 수 없는 괴성을 지른다. 그때 북을 치던 한 사람이 나오더니 내 머리에 사과를 올렸다. 나는 흐릿한 정신이 번쩍 들 정도로 몸이 오싹해졌다. 무속인은 다시 덩실덩실 춤추기 시작했다.

얼마 후 적막이 흐르며 장구 소리도 북소리도 무속인의 걸음 소리도 들리지 않았다. 무속인의 눈과 내 눈이 마주쳤다. 무속인의 괴성 소리에 놀라 두 손으로 귀를 막으며 소리를 질렀다. 그 순간 머리 위의 사과는 마당 저 멀리 굴러떨어졌다. 무속인의 손에 들린 부채에 사과가 떨어진 것이었다. 엄마는 굿 마당이 진행되는 동안 손바닥에 불이 날 정도로 정성을 다해 나를 위해 기도했다.

"우리 막내딸 아프지 않게 해주세요."
"우리 막내딸 건강하게 해주세요."
"우리 막둥이 뛰어다니게 해주세요."
"우리 막둥이 밥 잘 먹게 해주세요."

며칠 뒤 나는 자리를 털고 일어났다. 친구들과 소꿉놀이도 하고 술래잡기도 했다. 몇 달이 지나자 다시 아팠다. 엄마의 정성에도 불구하고 초등학교 내내 감기몸살을 달고 살았다. 무속인의 굿 마당은 나의 원인 모를 병을 치료하지 못했다.

엄마가 믿고 의지했던 무속인이 나는 싫었다. 엄마가 되어보니 내 엄마의 심정은 이해가 되었다. 큰아이는 여섯 살 때까지 고열로 새벽에 응급실을 많이 다녔다. 유치원 엄마들 모임에서 이야기를 했다. 아이가 자주 아픈데 병원에서는 단순 고열이라 한다. 대신 아파 줄 수도 없고 마음이 아프다고 했다.

유치원 동기 엄마가 자신의 경험담을 들려준다.

"남편이 두통이 심했어요. 병원에서는 원인 모를 단순 편두통이라 했어요. 남편은 예민했고, 일상생활을 힘들어했어요. 병원에 다녀와도 차도가 없었어요. 친정에 갔는데 언니가 무속인 이야기를 꺼냈어요. 펄쩍 뛰었죠! 언니! 무슨 무속인이야? 지금 21세기거든! 하고는 집에 와서 곰곰이 생각해 보니 속는 셈 치고 한번 가보자. 하는 생각이 들더군요."

"그래서? 갔어요?"

"네! 남편이 아프니까 살리자는 심정으로 갔죠. 소름 돋을 정도로 과거, 현재까지 다 맞추더군요. 신뢰가 가길래 알려 주는 대로 다 한다고 했죠! 굿을 하라고 해서 했어요! 대학병원 검사한 비용이나 별 차이 없다 싶었고, 남편 살리는데 뭘 못하겠어요! 신기하게 굿을 하고 남편 편두통이 사라졌어요!"

"정말 다행입니다. 신기하네요. 그죠?"

엄마는 자식을 위해서라면 무엇이든 할 수 있다. 부모는 자식한테 못 이긴다. 자식 문제는 굳센 나의 의지도 어쩔 수 없었다. 유치원 동기 엄마가 알려 준 무속인을 찾아갔다. 무속인은 소문대로 소름 돋을 정도로 용했다. 하지만 참고만 하고 굿은 하지 않았다. 초등학교에 들어가니 아이는 언제 그랬냐 싶게 고열은 사라지고 건강해졌다.

친구는 타로점을 자주 본다. 타로점을 보는 이유를 물었다. 친구는 "예측할 수 없는 미래의 불안감을 줄이기 위해서"라고 말했다. 타로점으로 미래를 보면 불안한 마음에 여유가 생긴다는 것이다. 하지만, 점술가를 자주 찾는 사람의 특징은 미래를 불안하게 생각만 하고 미래를 위한 준비는 하지 않는다는 것이다. 스스로 선택한 인생에 책임질 생각은 하지 않고 운명에 맡기는 것은 무책임한 행동이다.

학교 MZ 세대들에게 물었다. 학생들은 점이나 운세를 30% 본다고 대답했다. 점이나 운세를 보는 이유에 대해 다음과 같이 대답했다.

1. "심리적 안정과 위안을 얻고 싶을 때."
2. "취업 안 될 때. 진로 변경할 때."
3. "중요한 결정에 참고해야 할 때."
4. "시험 당일 운세가 좋으면 자신감이 생겨 시험을 잘 보게 된다."

라고 말했다.

점이나 타로를 맹목적으로 믿지 말고 '자기충족적 예언'으로 사용하자. 나는 무엇이든 할 수 있다는 긍정적인 면으로 활용하면 좋다. 인생은 온전히 자신의 노력만으로 변화가 이루어진다. 미신이나 무속인이 인생을 바꿔주지는 않는다.

복잡한 머릿속은 글쓰기로 정리하자

    책상 앞에 종일 앉아 있어도 집중이 안 된다. 직장생활은 하고 있지만, 내일은 불안하다. 희망이 없다. 머릿속은 고장 난 기계처럼 복잡하게 돌아가다 두뇌 회로가 정지되었다. 내 인생이 언제부터 잘못되었을까? 어디서부터 잘못되었을까? 무엇이 잘못되었을까? 왜 잘못되었을까? 등의 질문에 선뜻 답이 나오지 않는다. 내 인생 어디서부터 다시 시작해야 할지 답이 나오지 않는다. 친구들은 잘나가는데 나만 제자리걸음이다. 하루가 다르게 변해 가는 시대에 불안감이 엄습해 온다. 불확실한 미래에 대한 고민으로 머릿속은 쉴 새 없이 회전한다.

    조카에게 취업 문제로 머릿속이 복잡하다며 연락이 왔다. 입사하고 싶은 회사가 있는데 준비를 어떻게 해야 할지 모르겠다며 도움을 요청했다. 조카에게 어떻게 하면 도움이될 수 있을까?를 고민했다. 나는 머릿속이 정리가 되지 않을 때 하는 방법을 알려 주기로 했다.

첫째, 노트와 볼펜을 준비한다.

둘째, 입사하고 싶은 회사를 적는다. 회사는 우선순위대로 세 개에서 다섯 개를 적는다.

셋째, 입사하고 싶은 기업의 조직문화와 가치를 홈페이지에 들어가거나 주변의 지인들을 통해 확인해본다. 또는 워크넷, 사람인에서 후기도 찾아본다.

넷째, 입사하고 싶은 기업의 장점, 단점을 적는다. 기업의 사회공헌 활동, 공정한 인사이동, 구성원들 간 소통이나 협력이 잘되는지 알아본다.

다섯째, 입사하고 싶은 기업의 복지나 임금을 본다. 입사하고 싶은 회사에 대해 적다 보면 본인이 가야 할 기업이 정해진다. 조카는 세 곳의 기업에 입사 지원서를 냈고 운 좋게 모두 합격했다. 합격한 기업 중 어느 기업을 선택할지 다시 적어봤다. 머릿속으로 고민하기보다 입사했을 때 장점, 단점을 구체적으로 적는다. 조카는 가족적인 분위기도 좋지만, 세계적 기업에서 경력 쌓는 것을 우선순위로 꼽았다. 글쓰기로 자신의 가치와 조직문화가 일치하는 기업을 선택했다. 조카는 선택한 직장에 만족하며 다니고 있다.

4차 산업 혁명 관련 세미나에 참석했다. 책과 방송을 통해 알고 있었던 강연자지만, 오프라인 특강을 듣기 위해 참석했다. 강의 내용은 스마트폰과 기계화로 단순 제조업 일자리는 점점 사라지고 정보통신 분야 일자리는 수만 개가 생겨날 것이라 했다. 현재 직업이 제조업이나 단순 반복되는 직업이라면 지속적인 학습을 통해 이직을 권했다. 그리고 미래 성장산업인 반도체, 항공, 환경, 스마트기기를 활용한 직업으로 전환해야 한다고 했다. 4차 산업 혁명인 기계화 시대에는 평생학습이 선택이 아니라 필수로 함께 가는 파트너라는 말도 잊지 않았다. 2018년도 기준 5만 개 일자리가 사라지고 IT 관련 2만 개 일자리가 생겼다. 일자리는 점점 사라지고 경쟁은 치열해진다. 현재 나의 자리는 문제가 없는가? 내가 원할 때까지 일할 수 있는가? 초 변화 시대의 속도에 발맞춰 따라가지 못하는 현실에 머릿속은 복잡하다.

2020년 코로나가 발생했다. 방학 때면 자기계발 차원으로 학회, 연수, 세미나에 참석한다. 서울에서 일주일 동안 세미나가 잡혀 있었다. 서울에 5명의 코로나 확진자가 나왔다는 뉴스를 듣고 계획을 변경했다. 계획을 변경하는 경우는 내 사전에 극히 드문 일이었다. 하지만, 가족들 건강이 염려되어 일정을 연기했다. 코로나로 전 국민이 집에서 생활해야만 했다. 사람과의 접촉에 의한 전염성이 강한 바이러스다.

학교는 대면 수업 불가로 개강일이 3월 첫째 주에서 셋째 주로 연기되다가 한 달 뒤에 개강했다. 우리나라 대학들이 개교 이래 2020년, 2021년, 2022년 3년을 비대면 수업으로 진행했다. 2020년 4월부터 오프라인 강단이 아닌 온라인 화면으로 학생들은 만났다. 학생들은 LMS에 업로드된 영상을 보고 수업을 들었다. 코로나 이후 세상은 빠르게 변하고 있다. 온라인 가속도는 빛보다 빠르다. 몸과 머리는 분리되면서 머리는 이해하는데 몸이 따라갈 수 없었다. 기업교육은 무기한 연기를 하다가 취소했다. 시대의 변화는 예상보다 더 빠르게 달라진다. 현실은 녹록하지 않다. 무엇부터 시작해야 할까? 머릿속에 오만가지 생각이 둥둥 떠다닌다.

고령화 시대다. 지천명인 50이 넘었다. 체력도 예전 같지 않다. 후배들은 치고 올라온다. 경쟁 속에서 살아남을 수 있을까? 인생의 2분의 1을 보냈다. 50년은 더 살아야 하지만, 노후 준비는 된 것이 없다. 물가는 하늘 높은 줄 모르고 치솟는다. 노후 생활을 국민연금만으로 하기는 부족한 현실이다. 우리나라는 세계에서 가장 빨리 늙어가는 나라다. 장수가 축복 되려면 노후 준비가 되어 있어야 한다.

100세 시대라 퇴직 이후에도 경제활동을 하는 것이 좋다고 퇴직전문가 강창희 소장은 말한다. 경제활동을 하기 위해서는 평생학습이 필요하다. 평생학습을 통해 50 · 60세대는 제2의 직업을 가지길 권한다. 꿈을 이루고 사회에 선한 영향력을 끼치는 사람이 되어야 한다.

속담에 "10년이면 강산이 변한다."라는 말이 있다. 과거 농경시대에나 해당되는 말이다. 현재는 오늘과 내일이 다른 초변화 세상에 살고 있다. 온라인 발달, 스마트폰 진화, 4차 산업 혁명은 변화에 가속도를 붙였다.

코로나는 세상을 멈추게 하고 뒤집어 놓았다. 강의경력, 강의사례, 명강사 대상, 박사, 교수 모든 준비는 끝났다. 강의를 즐기기만 하면 된다고 생각했다. 하지만, 시대가 달라지면서 또 새로운 시작이다. 학교도 기업도 교육의 패러다임이 바뀐다. 무슨 준비부터 해야 할까? 방향은 어디로 가야 할까? 머릿속 생각에 용량 과부하다. 사회가 불확실하고 복잡한 미래만큼 머릿속도 뒤숭숭하다. 머릿속의 복잡한 생각을 차근차근 글로 적어본다. 위기는 또 다른 기회다. 차분히 책상 앞에 앉아 적다 보면 머릿속이 정리된다. 머리가 맑아지니 마음도 가벼워진다. 머릿속 복잡한 생각에는 글쓰기가 최고다.

글쓰기는 마음의 공진단이다.

사라진 내 지지자

독서 모임을 하고 있다. 한 달에 둘째, 넷째 일요일 저녁 8시 줌에서 만난다. 해외, 전국에서 모인 작가들과 책을 읽고 각자의 서평을 듣는 귀한 시간이다. 이번 주 독서 모임 추천도서는 리베카 솔닛 작가의 책 『가깝고도 먼 거리 읽기, 쓰기, 고독, 연대』이다. 작가가 되고자 한다면 필독서로 반드시 읽어보아야 한다. 리베카 솔닛은 언어 마술사로 이야기하듯 자연스럽게 문장을 풀어낸다. 엄마와의 관계를 엄마가 싫어한 살구에 대입하여 실타래처럼 풀어냈다. 딸인 리베카의 글쓰기 재능과 눈부신 금발을 시기 질투하는 귀여운 어머니에 대한 글이다. 작가는 추운 겨울에 목에 두른 목도리같이 이야기를 전개해 나간다. 어머니가 치매에 걸려 자신이 숭배해 온 이야기를 잊어가는 모습마저도 글이라는 우주로 포용한다. 딸의 재능을 질투하는 엄마의 모습이 이해되지 않는다. 한국 전통 어머니상에는 벗어난다. 엄마는 자애롭고, 따뜻하고, 배려해 주고, 수용해 주는 존재다. 자식을 존재 자체만으로 사랑한다.

엄마의 고향은 진주다. 엄마는 1남 2녀의 막내딸로 유복한 집에서 태어났다. 아버지와는 집안 어른의 소개로 결혼하게 되었다. 외갓집에 대한 기억은 선명하게 남아 있다. 대궐 같은 기와지붕에 마당이 넓은 집이었다. 집 앞에는 강이 흐르고 뒤로는 산 능선이 포근히 감싸주는 곳에 자리하고 있었다. 외할아버지와 외할머니는 내가 태어나기 전에 돌아가셨다. 외갓집은 학자 집안이었다.

외갓집과 본가의 집안 분위기는 달랐다. 외갓집은 오고 가는 대화가 부드러웠다. 보들보들한 깃털이었다. 본가의 오고 가는 대화는 탁구공처럼 튀어 올랐다. 고슴도치 털처럼 뾰족했다. 아버지는 3남 1녀 중 K-장남의 표본이었다. 할머니에게는 효자로 법 없이도 살아갈 허허실실 착한 아버지였다. 삼촌, 고모, 동생들에게는 든든한 형이자 오빠로서 한없이 주는 분이셨다. 아버지에 대한 기억은 짧다. 병환으로 오래 누워계셔서 무섭거나 엄하지는 않았지만, 아버지 방에 가면 어색하고 불편했다. 당신의 병이 깊어 자식을 안아 주고 사랑을 나눠 줄 마음의 여유가 없었다. 아버지라는 호칭을 쓰는 사람으로 기억된다. 아버지 방에는 선물로 들어온 먹거리가 많았다. 막내딸을 방으로 불러서 음료수와 과자를 주었다.

여섯 살 어느 날, 집에 사람들이 북적거렸다. 잔칫날인가? 음식이 고기, 떡, 전, 과일로 넘쳐났고 가마솥에는 고깃국을 끓이고 있었다. 아버지가 돌아가셨다. 죽음의 의미를 몰라 슬프기보다는 엄마가 우니까 따라 울었다. 아버지는 평온하게 하늘나라로 갔다. 엄마에게 남겨 준 것은 자식과 책임감뿐이었다.

엄마 어깨에 짐이 얼마나 벅찼을까? 여자로서 짊어지기에는 힘들었을 것이다. 자식들 공부시키기 위해 힘든 일을 하다 보니 엄마의 허리는 2G폰처럼 굽어 있었다. 언제나 땅바닥을 보고 다녔다. 한복 차림, 쪽 머리, 굽어진 허리가 엄마 모습이었다. 할머니 모습을 한 엄마가 학교에 올 때면 전전긍긍했다. 엄마의 모습이 창피하고 부끄러워서 학교 뒤에 숨어 있었다. 철없던 내 모습이 후회스럽다.

중학교를 졸업하고 고등학교 입학식 전까지 시골집에 있었다. 3월 초 늦은 아침을 먹은 일요일이었다. 안방 아랫목에서 엄마 다리를 베개 삼아 누워서 막내 언니랑 이야기꽃을 피우고 있었다. 엄마를 부르는 소리가 대문 밖에서 들렸다. 이웃집 아줌마였다.

엄마는 "잠깐 다녀올게." 하고 문지방을 넘어갔다. 한복을 입고 비녀를 꽂은 머리에 장녀가 선물해 준 분홍색 카디건을 입고 나갔다. 큰딸이 앙고라 털실로 한 땀 한 땀 정성스럽게 만들어 준 옷이라 외출 때마다 자랑하며 입고 다녔다.

얼마나 시간이 지났을까? 대문 밖에서 사람들 목소리가 웅성웅성 들렸다.

언니와 나는 "무슨 소리지?" 하며 밖으로 나가 보았다. 마을 사람들이 엄마를 흔들며 깨우고 있었다. 엄마는 의식이 없었고 마을 사람들 몇 명이 안방으로 옮겼다. 엄마의 모습은 편안해 보였다.

언니와 나는 울면서 "엄마! 엄마! 엄마"를 불렀다. 엄마는 아무 미동도 없었다. 엄마의 부드럽고 솜사탕 같았던 살결이 플라스틱처럼 딱딱했다. 엄마 몸이 차가워졌다. 팔, 다리도 뻣뻣해졌다. 옆집 아줌마는 큰 소리로 읍내 병원에 전화하라며 소리쳤다. 시골이라 읍내 병원에서 의사가 오는데 30분 이상 걸렸다.

의사가 왔고 언니와 마을 사람들은 일제히 맥을 짚고 있는 의사의 손만 쳐다보고 있었다. 의사는 맥을 짚던 손을 조용히 내려놓았다. 의사는 고개를 들어 사람들을 올려다보고 다시 고개를 떨구었다.

의사의 나지막한 목소리가 들려왔다. "죄송합니다. 안타깝습니다. 숨을 거두셨습니다." 의사가 오기 전부터 울고 있었던 나는 숨을 거두었다는 말을 듣고 말문이 막혔다. 눈에서 눈물만 흘러내리고 있었다.

언니들은 저녁에 도착했다. 엄마를 부르며 온 동네가 떠나가라 오열했다. 마을 어른들은 자정이 지나 돌아가고 집에는 적막만 남았다. 오전부터 시끌벅적하던 집이 조용해졌다. 가족 모두 지쳐서 울음소리도 나지 않았다. 일 년처럼 길게 느껴진 하루였다.

장례는 5일장으로 치렀다. 상여 나가기 전에 엄마의 마지막 모습을 마음속에 저장했다. 엄마는 깨끗한 모시옷을 입고 있었다. 머리는 5:5 가르마로 단정했다. 두 손은 가지런히 모으고 반듯한 자세로 누워 있었다. 얼굴 혈색은 희다 못해 창백했지만, 미소를 띠고 세상 시름 다 내려놓고 주무시는 모습이었다. 엄마 얼굴을 볼 수 있는 지금 시간이 멈추면 좋겠다고 생각했다. 엄마는 분홍색 꽃상여를 타고 앞산에 있는 아버지 곁으로 갔다. 내 나이 16살이었다.

마음을 의지하고 나누었던 유일무이 내 편이 사라졌다. 인명은 하늘의 뜻이다. 사람은 아무도 죽음을 거역할 수 없다. 자식을 두고 가야 하는 어미의 마음은 오죽했을까? 엄마는 영원히 내 편일 줄 알았다. 나와 끝까지 함께 할 줄 알았다. 결혼하고 아이를 낳고 엄마가 더 보고 싶었다. 아이가 아플 때 엄마 사진을 보며 위로했다. 나이와 함께 엄마에 대한 그리움은 깊어 간다. 엄마의 젖가슴이 그립다.

외딴섬의 학교생활

학교는 인재 양성 즉, 교육이 첫 번째 목적이다. 학교는 전 세계적으로 네 가지 사회적 기능을 수행하고 있다.

첫째, 학생을 보호하는 기능이다.

둘째, 사회적 역할의 선별 기능이다.

셋째, 이론이나 원리, 사상을 주입하는 기능이다.

넷째, 전문지식과 기술을 전수하는 기능이다. 학교의 네 가지 기능 중 가장 중요한 것은 첫째, 학생을 보호하는 기능이다. 둘째부터 넷째까지 는 사회적 역할을 할 수 있게 이론적 지식과 기술을 전수하는 기능이다.

중학교 때 내성적인 성격이었다. 중학교 3학년이 되자 야간 자율학습 을 했다. 정규 수업을 마치고 야간 자율학습을 시작해 9시에 마치고 귀가 했다. 담임 선생님은 고등학교 입시를 대비해 성적 올리기에 혈안이 되어 있었다. 농번기로 바쁜 가을이었다. 집에 일손이 부족해 엄마를 도와주고 시계를 보니 등교 시간이 이미 늦었다. 학교까지 뛰어가도 지각을 면할 수 없었다. 가방을 들고 한 시간 거리를 전속력으로 달렸다.

교실 앞에서 거친 숨을 참으며 땀범벅이 된 얼굴을 손으로 닦고 문을 조용히 열었다. 1교시 모의고사는 이미 끝났고, 2교시 모의고사를 치고 있었다. 선생님은 교탁 앞에서 나를 보고는 오른손 검지를 입술에 대며 조용히 하라는 사인을 보냈다. 선생님 왼손으로는 내 자리에 가서 앉으라는 손짓을 했다. 선생님은 내 자리에 시험지를 가져다주었다. 시험지에 얼굴 땀이 흘러내렸다. 시험문제가 얼룩져 보이지 않을까? 소매로 땀을 닦았다. 시험을 어떻게 봤는지 기억이 없을 정도로 시험은 끝나 버렸다. 시험을 끝내고 책상에 엎드려 있었다. 시험을 잘 볼 리 만무하다.

종례 시간이 되었고 담임 선생님은 교탁 앞으로 나를 불렀다. "네!"라고 대답하고 고개를 떨구며 두 손을 가지런히 모은 채 선생님 앞으로 갔다. 선생님은 모의고사 기간인데 정신이 있냐며 지각한 것을 꾸짖는다. 선생님 말씀이 백 번 옳다. 모의고사 시험일에 학생이 지각하면 안 된다. 하지만 억울한 마음이 올라왔다. 농번기 일손을 도와주어야 하는 가정 상황을 묻지 않는 선생님이 야속했다. 선생님에게 마음속으로 외치고 있었다. '선생님! 학교에 오고 싶었어요. 지각하지 않고 시험 치고 싶었어요.'라고 말씀드리고 싶었다. 하지만, 선생님은 끝끝내 '왜 지각했니? 집에 무슨 일 있니?'라는 이유는 묻지 않았다. 선생님 목소리는 점점 커졌고 감정이 격앙되어서 화를 주체하지 못했다. 찰나였다. 선생님은 교탁에 있는 출석부로 내 머리를 내리쳤다. 양장본의 파란색 출석부가 내 머리에 닿는 순간 머리가 멍해졌다.

머릿속은 온통 억울하다는 생각과 분노의 감정만 있었다. 선생님 앞에서 약한 모습을 보이기는 싫었다. 흐르는 눈물을 참기 위해 입술을 깨물었다. 친구들 앞이라 아프다는 생각보다 창피함이 더 컸다. 나도 모르게 두 주먹을 불끈 쥐었다. 사춘기 여학생 가슴에 새겨져 버린 한 장면이다. 공부하면서 힘들 때마다 떠올렸던 장면이다. 그때를 생각하면 공부하면서 힘든 것은 사치였다.

중학교 졸업만 손꼽아 기다렸다. 고향을 떠나면 다 좋아질 것 같았다. 인생은 계획대로 되지 않는다고 했던가? 고등학교 입학하기 3일 전 엄마가 돌아가셨다. 엄마를 보내고 친구들보다 늦게 간 학교는 낯설었다.

학교에 간 첫날 선생님은 나를 앞으로 불렀다. 집안일로 학교에 늦게 왔지만 친하게 지내라며 친구들에게 부탁했다. 자기소개는 직접 하라며 나를 앞으로 밀었다. 친구들 앞이라 어색하기도 하고 부끄럽고 무슨 말을 해야 할지 머릿속이 도화지가 됐다. 내 이름만 이야기하고 뛰어 들어와 자리에 앉았다. 친구들은 이미 친해져 있었고 나오는 물과 기름처럼 어울릴 수 없을 것 같았다.

친구들 이야기가 내 귀에 들려온다. "쟤 엄마 아빠 다 돌아가셨대!" 친구들 이야기가 확성기 소리처럼 들렸다. 학교 간 날은 책상에 엎드려 있다가 책상에 고개가 닿을 듯 떨구고 있기를 매일 반복했다.

일주일 뒤, 한 달 뒤, 3개월 뒤에도 친구들과 어울리지 못했다. 교실에서 나는 공기 같은 존재였다. 친구들은 나랑 상관없이 공부하고 재미있게 놀았다. 학교가 아니라 무인도에 혼자 있는 것처럼 외로웠다. 선생님도 나에게 별 관심을 보이지 않았다. 선생님 목소리는 라디오 주파수 고장 난 것처럼 윙윙거렸다. 수업에 집중이 될 리가 없다. 친구들 모습은 일본만화 요괴처럼 이리저리 왔다 갔다 했다. 나만의 세계에서 혼자 상상하며 시간을 보냈다.

봄꽃이 피고 지고 새순이 돋아 녹음은 짙어졌다. 여름방학이 다가왔다. 친구들은 신난다며 즐거워했다. 방학이지만 나는 전혀 즐겁지 않았다. 엄마도 없고 나에게는 즐거운 일이 생기지 않았다. 무더운 여름이지만 마음이 추웠다.

학교의 첫 번째 기능인 학생을 보호하는 기능에서 나는 보호받지 못하고 방치되었다. 따돌림과 왕따로 외딴섬에 버려졌다. 학교 자퇴할 때까지 아무에게도 관심받지 못했다. 선생님의 무관심과 말 걸어오는 친구 하나 없이 혼자 지냈다.

결핍 때문일까? 강단에 선 이후부터 학습자 한 명 한 명의 작은 변화에도 관심을 보인다. 출석 부르면서 다정한 미소도 지어 준다. 휴식 시간에는 어깨도 토닥여 주고 응원의 말도 해준다. 학습 분위기는 편안하게 만들려고 최선을 다한다. 선생님이 먼저 마음과 귀를 열면 학습자가 마음을 연다.

"교수님! 엄마 같아요."라는 이야기를 종종 듣는다.

"그래! 사랑한다. 아들, 딸들아!" 진심을 담아 답해 준다.

자식을 대하는 마음이라면 얼굴에 하회탈 미소와 따뜻한 말이 나올 수밖에 없다.

학생들에게 '힘내자! 잘할 수 있어! 잘하고 있어! 지금도 충분해! 존재 자체만으로 넌 특별한 존재야! 응원해!'라는 격려의 말도 아끼지 않는다.

학교는 학생이 오고 싶은 곳이다. 학교는 외딴섬이 아니다. 학교는 함께 나누며 배우는 웃음꽃 피는 희망의 섬이다. 학교 가는 날이 기다려지고, 즐겁고, 꿈을 담을 수 있게 오늘도 힘을 보탠다. 꿈꾸는 작은 나비의 날갯짓이 세상을 변화시킨다.

학교는 즐거움과 희망을 주는 곳이어야 한다.

연인과 함께하는 천국

〈고딩엄빠〉라는 프로그램이 있다. 고등학생이 일찍 엄마 아빠가 된 이야기다. 계획 없는 임신과 출산, 육아의 갈등을 해결해 주는 현실 가족 치료 프로그램이다. 〈고딩엄빠〉들 특징이 있다. 가정환경이 불우한 학생이 확률적으로 많다. 〈고딩엄빠〉들은 부모한테 받지 못한 사랑을 이성에게서 찾는다. 이성에게 지나치게 의존적인 태도를 보인다. 〈고딩엄빠〉는 자아나 가치관이 제대로 정립되지 않은 상태로 가정을 이룬 경우가 대부분이다.

〈고딩엄빠〉들의 사이가 안 좋은 가장 큰 원인은 경제적인 문제다. 부모님과 함께 생활하는 출연자는 그나마 상황이 나은 편이다. 부모님이 경제적인 지원을 해주기 때문이다. 〈고딩엄빠〉들 부부싸움은 일상이다. 부부가 같은 공간에만 있지 대화가 없다. 자기 입장만 내세우고 서로를 배려하지 않는 이기적인 행동과 말을 한다. 집은 쉼의 공간이어야 한다.

정신과 육체를 재충전하는 곳이다.

　가정이 불우한 아이들의 특징은 부모의 다툼과 불화를 보고 자라 불안과 공포를 느낀다. 부모의 싸움이나 가정불화가 자신의 탓인 줄 안다. 자신을 비난하고 자책하며 소심해진다. 아이들 성향에 따라 두 유형으로 나뉜다.

　첫째, 자신감이 없이 의기소침한 아이다. 분노를 내부에 쌓아둔다. 자신의 의견이 없고 다른 사람 생각에 무조건 찬성한다.
　둘째, 분노조절장애가 있다. 물건을 던지거나 폭행을 일삼는다. 에너지를 외부로 과하게 표출한다.

　두 유형 모두 자신의 감정을 솔직하게 표현하는 방법을 모른다. 부모로부터 보고 배운 것이 없기 때문이다. 아이들은 귀로 들은 건 따라 하지 않는다. 눈으로 본 것을 따라 한다. 아이의 품성이 좋지 않은 것이 아니라 몰라서 잘못된 방법으로 자신을 표현한다. 부모들에게서 욕설, 지시형 말투, 고성방가, 물건 던지는 것을 보고 자랐기 때문이다.
　〈고딩엄빠〉들이 사랑을 주고받는 것을 본 적이 없다. 사랑을 주는 법, 사랑을 받는 법을 배우지 못했다. 아이들은 유년기에 부모의 말과 행동을 스펀지처럼 흡수한다. 부모들에게 본 게 없으니 나누고 베풀지 못한다. 집은 가족들과 사랑을 나누는 곳이다. 일터에서 치열하게 일하고 저녁이면 집으로 돌아와 휴식과 안정을 취하는 곳이다. 〈고딩엄빠〉는 가족의 사랑과 가정의 따스함을 모른다.

토머스 플러는 "결혼 전에는 눈을 크게 뜨고, 결혼 후에는 눈을 반쯤 감아라."라고 말했다. 배우자 선택은 냉철한 이성으로 판단해야 한다. 꼼꼼히 따져보고 시간을 두고 지켜보아야 한다. 자신이 불안정할 때, 나이가 어릴 때는 이성적 판단을 제대로 할 수 없다. 자신의 결핍만 충족되면 사랑이라 느끼고 섣부른 판단을 한다. 배우자가 갖추어야 할 조건들이 있다. 책임감, 경제력, 외모, 학벌, 직업, 공감력, 대인관계, 가족관계 등이다.

YTN 뉴스에서 성인이 결혼하는 이유에 대해 설문 조사를 했다. 순위대로 살펴보면 다음과 같다.

1. 연인 사이로 지내다가 결혼으로 가는 경우다. 연인보다는 한 가족이 되고 싶어 하기 때문이다.

2. 인간은 성장하려는 욕구가 있다. 결혼이 진짜 어른이 되는 순간이라 생각한다. 결혼해야 어른 대접해주는 사회 풍토 때문이다.

3. 사랑의 결실이라 생각한다. 사랑의 결실을 결혼으로 마무리한다.

4. 연애 상대가 결혼하면 책임감도 생기고 변화겠지 라는 기대감으로 한다. 상대방을 변화시키기 위해서다. 하지만, 사람은 변하지 않는다.

5. 사랑스럽고 예쁜 아이를 낳고 싶어서다. 엄마 아빠를 쏙 빼닮은 아이를 낳는 것은 이 세상에 왔다가는 흔적이다. 부모가 되면 발견하지 못한 자신의 여러 가지 감정을 알게 된다.

6. 부모님의 성화에 못 이겨서다. 결혼은 스스로 선택하고 스스로 책임도 져야 한다. 배우자랑 평생 함께 살 사람은 부모님이 아니라 자신이다.

7. 안정을 추구하고자 함이다. 가정이라는 울타리에 남편과 아이들과 함께 단란한 모습을 꿈꾼다. 배우자가 있으면 외로울 때나 아플 때 든든하다.

위 결혼하는 이유 중 나는 7번 안정을 추구하고자 결혼했다. 결혼해서 가정을 이루면 불안이나 외로움이 없을 것 같았다. 내가 가져보지 못한 단란한 가정의 모습을 만들고 싶은 마음도 간절했다.

남편을 처음 만난 곳은 형부 지인이 운영하는 사무실이었다. 남편은 군대 가기 전 단기 아르바이트를 하고 있었다. 남편의 첫인상은 순수해 보였다. 회사 사장님은 남편을 책임감 있고 성실한 사람으로 요즘 청년답지 않게 착하고 예의 바르다고 입이 마르고 닳도록 칭찬했다. 남편은 내 말에 경청도, 공감도 잘 해줬다. 엄마 다음으로 내 말에 귀를 기울여 준 유일한 사람이었다. 장작불같이 은은하고 따스했다. 음악을 사랑했고 멋과 낭만을 아는 사람이었다.

남편은 얼마 지나지 않아 군에 입대했다. 건강하게 잘 지내라는 말을 남기고 국방의 의무를 하러 떠났다. 3개월이 지났을 무렵 언니가 편지 하나를 건네준다. 남편이 한 글자 한 글자 진심을 꾹꾹 담아 적은 편지였다. 그날부터 제대하는 날까지 하루도 빠짐없이 편지가 왔다. 군 복무 동안 휴가를 나오면 나를 찾아왔다. 영화도 보고 맛있는 것도 먹으러 다녔다. 군 복무 기간이 긴 시간이지만 국방부 시계는 돌아갔다.

남편은 군 복무를 마치고 건강하게 내 곁으로 돌아왔다. 제대한 날 군인 월급을 한 푼 두 푼 모아서 준비한 목걸이를 선물로 주었다. 지금껏 받은 선물 중 단연 최고의 선물이었다. 취업하면 결혼하자는 말과 함께. 정성에 감동했고 행복했다. 남편은 취업 준비를 열심히 하더니 취업에 성공했다. 책임감 있고 착하고 내 말 잘 들어주고 안정된 직장까지 있는 사람이었다. 결혼하고 싶었다. 나만의 가정을 만들고 싶었다. 아름다운 가정도 만들고 안정된 미래를 꿈꾸며 연인과 함께 천국행을 탔다.

결혼은 새로운 삶의 시작, 내가 만들어 가는 세상이다.

현실과 로맨스의 결혼

결혼을 일찍 하는 사람들 특징이 있다. '아허스대학 예거' 교수는 '매력적인 외모가 결혼에 미치는 영향'에 관한 연구를 진행했다. '위스콘신 프로젝트'라 하여 위스콘신 고등학교를 졸업한 10,137명을 무려 50년 동안 추적한 프로젝트다. 매력적인 사람이 결혼을 일찍 한다는 전제하에 진행된 연구다. 참가한 사람 중 여자는 키가 작고 예쁘고, 남자는 키가 크고 잘생길수록 일찍 결혼했다. 매력적인 외모일수록 스물다섯 살 되기 전에 결혼이 확률적으로 많았다. 더불어, '예거' 교수는 일찍 결혼한 참여자들을 50년 동안 4번에 걸쳐 결혼생활 만족도를 조사했다. 연구 결과 20대 초반에 결혼을 선택한 사람들은 50년이 지난 후에도 결혼생활에 만족한다고 답변했다.

연구 결과에 따르면 외모가 매력적인 사람은 어릴 때부터 연애를 많이 한 사람이다. 연애를 많이 한 사람들은 자신이 어떤 사람과 잘 맞는지,

어떤 사람과 결혼해야 행복한지를 빨리 깨닫게 된다. 어린 나이지만 자신이 원하는 사람을 만나면 자신의 선택에 확신이 있다. 결혼 후에도 만족스러운 결혼생활을 하게 된다. '예거'교수는 연구를 마무리하면서 중요한 건 외모가 아니다. 결혼은 자신의 성향과 가치관이 잘 맞는 사람과 하는 것이 중요하다. 결혼 상대자로 어떤 사람이 나에게 적합한지 분별해내야 한다. 이 연구는 1957년에 진행된 것으로 현재의 결혼 적령기와는 차이가 있다.

배우자 선택은 직업보다 중요하다. 직장에서 60세에 은퇴를 한다. 배우자와 결혼생활은 은퇴 후에도 20~30년을 함께해야 한다. 100세 시대라 더 오래 살아야 할 수도 있다. 결혼을 서두른 이유가 있다. 남편이 취업한 그해 으슬으슬 몸살 기운이 돌았다. 매해 주기적으로 찾아오는 지독한 고뿔인가 생각했다. 방에 누워서 물도 삼킬 수가 없을 만큼 입맛을 잃었다. 언니가 방으로 들어오더니 눈을 동그랗게 뜨며 물어본다. 언니는 임신과 출산 경험이 있어서 내 몸 상태를 보고는 아는 눈치였다. 달력을 보니 생리일이 이미 지났다. 언니는 나를 데리고 병원에 갔다. 의사 선생님은 진료 결과를 웃으면서 이야기했다.

"축하드립니다! 임신 4주입니다."
언니는 임신 소식을 가족들 모두에게 알렸다. 언니 오빠는 남편과 만나 결혼에 대해 의논했다. 남편은 오히려 잘됐다며 결혼식을 일사천리로 진행 시켰다.

결혼식 당일 기억은 없다. 결혼식 영상 테이프와 사진을 보면 흐릿하게 기억이 떠오른다. 임신한 신부의 몸은 천근만근이었다. 얼굴은 푸석푸석하니 화장이 먹지 않았다. 신혼여행은 나의 입장을 고려해 가까운 제주도로 갔지만, 그것도 힘들었다. 다른 신혼부부들은 인생에 한 번뿐인 신혼여행을 축제처럼 즐겼다. 우리 부부는 데면데면했다. 2박 3일간의 신혼여행을 마치고 집으로 돌아왔다.

집으로 온 날 여독으로 일찍 잠자리에 들었다. 새벽에 갑자기 배가 아팠다. 배를 움켜잡고 방안을 이리저리 굴렀다. 남편이 택시를 불러 집에서 가장 가까운 대학병원 응급실에 갔다. 병원 초음파로 검사를 해보니 급성 맹장이라 배가 아픈 것이라 했다.

의사는 "태아에게 안 좋은 영향을 줄 수 있으니 빨리 수술하자."라고 했다. 수술 수속은 일사천리로 진행되었다. 임신 중이라 부분마취로 수술이 시작되었고 수술 중에 의사와 간호사의 이야기 소리가 희미하게 들려왔다. 안개 속에 있는 기분으로 시간이 지나갔고 마취가 풀리면서 통증이 느껴졌다.

남편을 찾았으나 보이지 않았다. 남편은 한참 뒤에 모습을 드러냈고 환자인 나를 공감해 주기보다는 시간 지나면 괜찮아지니 참으라는 말만 되풀이했다. 위로가 되지 않았다. 사람은 몸이 아프면 정신도 약해진다. 아플 때 잘못 해주면 평생 기억으로 남는다. 남편이 공감 능력이 부족한 사람이라는 걸 그때 알았다. 연애 시절 다정다감했던 사람이 맞나 의심스러울 정도였다. 30년이 지난 지금도 서운한 감정이 떠오를 때가 있다.

출산예정일은 무더운 8월이었다. 한 달 남은 7월 어느 날 아침 일찍 눈이 뜨였다. 하혈이었다. 남편은 출근하고 없었다. 언니한테 전화했다. 언니를 마냥 기다릴 수 없어서 택시를 타고 혼자 병원에 갔다. 응급실에 도착해서 의사와 간호사 안내에 따라 침대에 누웠다. 응급실에서 환자복으로 갈아입고 초음파를 하니 아이가 위급한 상황이란다. 제왕절개 수술이 1분 1초가 급하다며 의사와 간호사가 일사불란하게 움직였다. 수술실로 들어가 마취를 놓자마자 잠들어 버렸다.

제왕절개 한 수술 부위가 아파 며칠을 일어나지 못했다. 정신을 차리고 보니 3일이 지났고 그때 아이 생각이 났다. 엄마를 보지도 못하고 3일을 혼자 있었을 아이 생각에 마음이 쓰라렸다. 간호사와 언니의 부축을 받아 휠체어를 타고 신생아실로 갔다.

내 아기 '보물'을 처음으로 만난 날이다. 세상에서 가장 사랑스러운 아이다. 애칭으로 지금까지 '보물'이라 부른다. 보물을 얻듯 힘겹게 얻은 아이다. 아이가 배 속에서 고생한 걸 생각하면 지금도 마음이 아리다. '보물'을 만나고 나니 건강한 엄마가 되어야겠다는 생각이 들었다. 병원에서 밥도 잘 먹고, 걷기 연습도 하면서 기운을 차렸다. 의사 선생님은 퇴원하는 날 회복 시간이 오래 걸릴 수 있으니 건강관리 잘하라며 신신당부했다. '보물'과 함께 2주 후 퇴원했다.

몸조리는 혼자서 했다. 언니가 일주일에 한 번 밑반찬과 미역국을 끓여놓고 가면 챙겨 먹는 건 내가 했다. 남편은 늘 직장 일로 바빴다. 가장으로서 당연한 일이다. 가정과 아이는 나에게 위임한 듯 바쁘게 사회생활을 했다. 머리는 이해되지만, 마음의 거리는 멀어지고 있었다. 부부지만 다른 세상에서 살았다. 몸이 아플 때, 출산할 때, 산후조리 때 무관심했던 남편에 대한 서운함이 풍선껌처럼 커졌다.

사랑하는 사람과 결혼하고 아이를 낳으면 외로움은 사라질 줄 알았다. 아늑하고 포근한 보금자리에서 웃음꽃 피는 행복만이 기다릴 줄 알았다. 산후조리를 제대로 하지 못해 건강이 나빠졌고 남편의 부재로 몸과 마음은 지쳐갔다. 결혼하면 행복할 줄 알았다. 다시 혼자가 되었다. 결혼은 환상이 아닌 현실의 민낯이었다.

인생의 비상등

가치는 개인이 중요하게 생각하는 것으로 결정이나 선택의 기준을 말한다. 가치관은 생각, 감정, 행동으로 인생의 중요한 선택에 영향을 미친다. 가치란, 행동과 선택에 영향을 줄 만큼 개인의 강력한 신념이다. 가치관은 우리의 행동 양식과 사고다. 일상생활 모든 결정과 선택에 있어 중요한 준거로 작용하게 된다. 사람마다 생각하는 가치 기준은 다르다. 자신의 가치가 무엇인지 알아야 한다. 가치관에 따라 선택하고 삶을 살아간다. 가치관과 다른 인생은 공허하며 무의미하다. 성공과 명예를 얻어도 행복하지 않다.

학기 초 가치관 찾기 수업을 한다. 학생들이 원하는 꿈과 가치관이 일치하는지 보기 위해서다. 가치관 목록을 보여주고 우선순위대로 다섯 가지를 적는다. 가치관 목록은 다음과 같다.

자유	명예	신속성	지위	건강	돈	사랑	마음의 평화
완벽	균형	독립성	성장	역량	신앙	조화	좋아하는 일
인정	유능함	즐거움	권위	열정	변화	안정	고객 만족
혁신	성취	책임감	학습	우정	용기	지혜	공동체 생활
가정	신뢰	팀워크	자녀	품질	정직	봉사	배우자

가치관 교육을 진행한 대상은 크게 두 부류로 나눈다. 기업체 교육 대상자와 대학교 학생들이다. 기업체 대상자는 두 직급을 진행했다. 현장직 사원과 대졸 신입사원이었다. 학교는 유아교육과와 교양교육원에서는 다양한 학과의 수업을 진행했다. 기업교육 대상자는 직급에 따라 우선순위가 다르게 나타났다. A 직급은 자유, 즐거움, 돈, 사랑, 독립성의 순으로 나타났다. A 직급은 20대 후반, 30대 초반이라 신체 건강하다. B 직급은 배우자, 건강, 가정, 돈, 평화 순으로 나타났다. 대학생은 자유, 돈, 모험심, 즐거움, 좋아하는 일순으로 나타났다. 대학생은 건강이 순위에 들어가지 않았다. 기업교육 대상자 중 B 직급만 건강이 순위에 있다. B 직급은 연령대가 50대 60대로 높다. 가치관 우선순위는 환경, 직급, 나이, 성별에 따라 다르게 나타났다. 대학생들도 최근에는 가치관 순위에 건강이 들어갔다. 기후 변화와 코로나로 건강의 중요성을 알게 되면서 면역력 관리도 소중히 여긴다.

하지만, 현대인들의 식습관은 건강을 위협하고 있다. 배달 음식, 즉석

요리, 반 조리 식품은 편리하지만, 건강에는 좋지 않다. 가치관 우선순위가 달라지고 있다. 코로나 이후 기업, 학교 모두 가치관 우선순위로 건강이 나타났다.

나는 어릴 때부터 약골이었다. 감기몸살은 계절이 바뀔 때마다 어김없이 찾아오는 손님이었다. 엄마가 될 첫 번째는 준비는 건강이다. 건강 준비도 하지 못하고 임신과 출산을 했다. 산후조리는 집에서 혼자서 했고 산후조리의 중요성도 알지 못했다.

아이 백일잔치를 하고 한기가 돌고 오한이 왔다. 일주일이 지나도 열이 떨어지지 않았다. 몸이 핸드폰 진동처럼 부들부들 떨렸다. 이불을 덮어도 추웠다. 병원에 가니 의사가 어떻게 지금까지 참았느냐고 걱정 어린 눈으로 쳐다본다. 병원 침대가 흔들릴 정도로 몸이 부르르 떨렸다. 몸을 멈추려 해도 떨림은 멈추어지지 않는다. 간호사에게 추워! 추워! 추워! 하면서 계속 이불을 덮어 달라고 했다. 간호사와 언니가 떨리는 침대를 잡고 있었다. 언니는 손으로 이불 덮인 내 몸을 계속 쓰다듬어 주었다. 병원 입원 절차를 밟고 병실 올라가기 전 해열제 주사를 맞았다. 몇 시간 지나니 열이 눈 녹듯 내려갔다.

의사 선생님이 혈액검사 결과가 나왔다며 병실로 왔다. 검사 결과를 말하면서 심각한 표정을 짓는다. 영양 불균형으로 인한 영양실조와 면역 체계가 무너져 있다고 했다. 감기에 자주 걸리는 이유는 면역력이 떨어져서 생기는 질병이라고 했다. 의사 선생님은 나에게 나이는 20대인데 면역 나이는 50대라고 했다. 3년 정도 꾸준하게 식단관리와 운동으로 몸을 만들어야 건강을 되찾는다는 조언도 해주었다. 지금 당장 시작해야 한다면서 늦어질수록 회복의 시간은 길어진다고 했다.

언니는 아기는 잘 돌봐 줄 테니 걱정하지 말고 내 건강만 챙기라고 했다.

의사 선생님은 퇴원하는 날 남편에게 "아내가 건강해야 가정이 건강하다."라고 말하며 집안일과 육아를 함께하라는 당부도 잊지 않았다. 내 건강에 비상등이 켜졌다. 하루라도 빨리 운동과 식습관으로 건강을 회복해야 한다.

깜박! 깜박! 아침 출근길 자동차 핸들 앞 계기판에 비상등이 켜졌다. 자동차 운전은 직진과 주차만 할 줄 안다. 기계 문외한이다. 비상등이 떠도 자동차 어느 부분 비상등인지도 모른다. 초록 창에 검색하니 타이어 공기압 이상이다. 다음 날 아침 출근길 오픈 시간에 맞춰서 타이어 점검을 받으러 갔다. 집 근처에 있는 청년들이 운영하는 타이어 수리점이다. 청년들은 언제나 활기차게 웃으며 반갑게 맞아준다.

자동차가 진입하는 입구에서부터 '솔' 톤의 목소리로 "안녕하십니까?", "어서 오십시오.", "무엇을 도와드릴까요?"라며 폴더 각도로 인사한다. 주차할 곳을 먼저 안내해 주고 "자동차 키는 실내에 두고 내리십시오." 맞은편 사무실에서 기다리고 있으면 잠시 후 상담해 드리겠다며 사무실로 안내한다. 사무실에서 지역신문 1면을 다 읽기 전에 직원이 들어왔다. 문을 열면서 "따뜻한 커피 한 잔 드릴까요?"라며 묻는다. 커피는 마셨고 따뜻한 물 한 잔을 달라고 했다. 물 컵을 책상에 내려놓고 직원은 타이어 안내장을 가지고 와서 상담을 시작한다. 직원은 타이어 전문가답게 유창하게 말을 이어갔다.

타이어도 사람과 똑같다. 사람이 건강검진을 받아야 하는 것처럼 타이어도 정기 점검을 받아야 한다. "사모님! 지난번 타이어 교체하실 때 정기 점검받으러 나오시라고 했잖아요?" 그렇다. 작년에 타이어 앞바퀴, 뒷바퀴 전체 교체할 때 들었던 이야기가 생각났다. 3개월마다 정기 점검을 받으라고 했는데 그냥 지나친 것이다. 비상등이 켜지자 달려온 것이다. 타이어 공기압 좌우가 맞지 않아 자동차가 한쪽으로 기울면서 비상등이 켜진 것이다. 자칫 잘못하다간 운행 중 자동차가 한쪽으로 기울어 사고의 우려도 있다고 했다. 타이어 직원이 고객을 걱정하는 소리는 계속된다. "고객님들은 정기 점검은 받지 않고 타이어에 문제가 생겨 교체하게 되면 그때는 저희에게 화를 냅니다. 결국, 자동차 주인이 타이어 교체하잖아요. 돈이 들어가면 그때야 점검받을 걸 하고 후회합니다." 왜? 정기 점검을 하지 않는지 모르겠다며 불만 섞인 하소연을 한다. 타이어 공기압을 맞추고 앞으로 정기 점검 꼬박꼬박 받으러 오겠노라 약속했다. 펑크가 아니라 다행이다.

건강도 정기검진으로 지켜야 하고, 자동차도 정기점검으로 사고를 예방해야 한다. 젊음이 영원할 줄 알고 건강을 자신하다 비상등이 켜지고 나서 깨달았다. 건강이 얼마나 소중한지 알았다. 인생도 마찬가지다. 무의미하게 보내는 달콤한 하루보다 미래를 위해 준비하는 시간을 보내야 한다. 인생 비상등이 켜지기 전에 점검하고 준비해야 한다. 건강의 정기검진과 타이어의 정기점검 시간은 늦게 가는 것이 아니라, 방향을 잡고 멀리 빨리 가는 지름길이다.

비상등이 켜지기 전에 미리 예방하고 준비하자.

제2장

시작하는 평생학습:
1g의 시작

가정은 영원한 배움의 시작점

아버지는 장남이자 장손이었다. 할머니한테는 착한 아들이자 삼촌과 고모에게는 이보다 더 좋을 수 없는 형님이고 오빠였다. 집안 어른들한테도 마찬가지였다. 아버지는 집안의 모든 궂은일은 도맡아 했다. 좋은 사람을 표현할 때 사용하는 '호인'이 바로 아버지였다. 아버지는 '안 돼', '못 합니다'라는 단어를 모르는 사람이었다. 부탁을 받으면 무조건 '예'였다.

아버지는 할머니를 모시고 살았고 할머니의 모든 요구에 당연히 '예'였다. 할머니에 대한 기억은 어렴풋이 난다. 할머니의 모습은 항상 정갈해서 머리카락 하나 흐트러짐 없는 쪽머리 였다. 머리에 꽂힌 은비녀에서는 위엄과 빛이 났다. 할머니에게 아버지는 우주였고 당신의 전부였다. 아버지는 할머니를 포함해 가족들 의견을 수용하는 물 같은 사람이었다. 장남 역할만 훌륭히 소화해 냈다. 할머니에게는 아들, 삼촌들에게는 형님, 고모들에게는 오빠로서!

아버지가 '호인' 역할을 할 때 가정과 자식을 지키는 번거롭고 불편한 일은 엄마 몫이었다. 자식들을 위해 할 수 있는 희생은 다 했다. 가족을 위해서라면 주변 사람들의 싫은 소리도 받아들였다. 가정의 안녕과 평화를 위해 주위 평가 따위는 신경 쓰지 않았다. 엄마는 시댁에 대한 불만이 있어도 시절이 시절인지라 입 밖으로 내지 못하고 마음속에 꾹꾹 누르고 또 누르며 인내했다. 가정과 자식을 위한 인내가 유일한 이유였다. 가정의 책임과 의무는 오롯이 엄마가 맡았다. 엄마에게 가장의 역할을 떠넘긴 것이 미안해서일까? 아버지는 돌아오지 못할 길을 떠났다.

아버지가 돌아가시자 엄마는 실제 가장이 되었다. 엄마는 어린 내 눈에도 힘든 기색 없이 잘 견뎌내고 있는 것처럼 보였다. 초등학교 3학년 겨울이었다. 새벽에 화장실이 가고 싶어서 잠이 깼다. 부엌과 방 사이 작은 문을 열고 등을 보이며 앉아 있는 엄마의 모습이 보였다. 잘 못 봤나? 잘 못 들었나? 눈을 비비며 다시 확인했다. 엄마의 어깨가 흔들리고 있었다. 아이들이 깰까? 노심초사하며 손으로 입을 막고 흐느끼고 있었다. 손가락 사이로 울음소리가 새어 나왔다. 흐느끼며 우는 소리가 희미하게 들렸다. 조용히 이불을 덮고 눈을 감았다. 엄마만의 시간을 방해하고 싶지 않았다. 마음에 묵혀 둔 것들을 속 시원하게 눈물로라도 흘려보내길 바랐다. '책임감'이라는 무거운 짐을 짊어진 여자의 등을 보았다. 엄마는 큰 산이라 생각했는데 연약한 여자인 것을 알게 되었다.

여자 혼자 몸으로 자식과 가정을 책임져야 한다는 짐은 벅찼으리라! 내 인생 등불이 되어준 한 장면이었다. 힘든 일이 있을 때 포기하고 싶을 때 그날 밤 엄마의 등을 떠올렸다.

"엄마보다 힘이 들까? 아니다! 엄마에 비하면 지금 내 상황은 안락하며 감사하다. 견딜 수 있다. 나의 선택에 책임을 져야 한다."

엄마의 삶에서 책임감을 배웠다. 사회생활을 하면서 가장 많이 들었던 말은 "책임감 있는 사람이다."라는 말이었다. 모전여전이다.

가정을 빨리 이루고 싶었다. 부모 없이 스스로 문제를 해결하며 살아가는 일이 힘들다는 걸 온몸으로 경험하며 살았다. 부모가 되면 아이들한테는 든든한 병풍 역할을 해주고 싶었다. 인생에 눈비가 내리고 강풍이 불 때 막아주는 우산이 되어주고 싶었다. 아이들과 함께 내 가정을 아름답게 만들어 가고 싶었다. 아름다운 가정을 만들기 위해 실천하는 세 가지가 있다.

첫째, '가족이 1순위'다. 가족은 나로부터 생겨난 세상이다. 내가 만들어 가는 세상이다. 가정의 모습은 어떻게 만들어 가느냐에 따라 달라진다. 마음속 1순위는 언제나 가족이었다. 공부, 일 때문에 많은 시간을 함께하지 못했다. 가족들의 기다림과 지원에 고맙다. 물리적인 시간의 양보다 질 높은 시간을 보내려 노력했다. 가족여행, 식사, 카페, 영화 등 추억 만들기와 공동 취미생활을 함께했다. 일도 중요하고 대인관계도 중요하지만, 내가 가장 먼저 챙기고 돌봐야 할 사람은 가족이다. 그것이 나의 의미와 가치다. 파랑새는 집에 있다.

둘째, '책임감 있는 인생을 살자'. 어른다운 어른은 책임을 지는 사람이다. 자신이 한 선택에 책임을 져야 한다. 책임을 지기 위해서는 선택할 때 신중에 신중을 기해야 한다. 일과 관계에서도 책임지는 모습은 신뢰 있는 사람으로 인식된다. 아이들이 강아지를 입양하려 할 때 끝까지 책임진다는 약속을 받고 허락했다. 반려견과 가족으로 함께한 지 12년이다. 강아지를 돌보다 보니 책임감도 배우고 정서적으로 치유도 받는다. 반려견의 부모가 되어 사료, 간식, 산책, 정기검진, 예방접종, 미용을 도맡아 한다. 아이들은 각자 역할에 따른 책임을 완수하고 있다. 마음속으로 흐뭇해하면서 질문해 본다.

"강아지 키우기 힘들지 않니?"

"아녜요! 얼마나 큰 기쁨을 주는데요. 가족인데 좋아도 힘들어도 함께 가야죠!" 책임감을 실천하는 아이들이 기특하다.

셋째, '삶은 유한하다.' 조실부모로 사람은 언젠가 떠난다는 것을 일찍 알게 되었다. 하루를 시작할 때 "메멘토 모리"라고 외친다. 일상을 걱정보다 행동과 웃음으로 채운다. 사소한 일에 속상해하지 않고 이해하게된다. 남편과 아이들을 대할 때 사람인지라 가끔 마음이 상할 때가 있다. 마음속으로 '메멘토 모리'라고 외친다. 지금 이 일이 짜증 내고 화낼 일인가? 생각하면 웃음이 나온다. 대인관계도 마찬가지다. 마음이 넉넉해지니 얼굴에 미소가 드리운다. 양손에 쥐기보다 한 손은 나누려 한다. 혼자 가기보다 함께 가고자 한다. 언젠가 들어 마신 숨을 내뱉지 못하는 그 순간이 오면 일상의 즐거운 추억이 많은 사람이 되었으면 좋겠다. 가족들에게 함께한 추억을 선물하고 싶다. 가장 소중한 사람은 지금 곁에 있는 사람이고, 가장 소중한 시간은 글쓰기를 하는 지금이다.

가정은 사회 최소단위다. 가정교육은 인생을 살아가는데 가치, 신념, 철학이 형성되는 중요한 역할을 한다. 가정은 사회생활을 하면서 겪는 여러 가지 문제와 갈등을 미리 학습하는 곳이다. 배려, 용서, 화해, 사랑, 봉사, 의무, 책임, 수용을 배운다.

공부하면서 남들과 다른 점이 무엇일까? 생각해 보았다. 아이들과 함께 추억 만들기를 하고, 도전하면 포기하지 않고 계속하는 힘은 어디서 나오는지 궁금했다. 나의 뿌리 아버지와 엄마한테서 배웠다. 부모님은 지금의 나를 있게 해준 선생님이다.

"아버지 어머니 감사합니다."

내 부모로부터의 결핍을 내 인생과 가정에 실천했다. 부모님과 추억이 없기에 아이들이랑 추억 만들기를 했다. 아이들이 세상을 살아가다 힘든 일이 생겼을 때 엄마와의 추억이 든든한 버팀목이 되기를 기대한다. 부모라는 책임감으로 살아가는 일이 숨이 턱턱 막힐 때도 있다. 내 인생은 내 마음대로 바꿀 수 있지만, 가족들은 내 마음대로 되지 않는다. 오늘도 가정에서 배움의 장이 펼쳐진다.

가정은 학습하는 에너지의 원천이다.

멋진 엄마가 되기 위한 세 가지 노력

　엄마와 함께한 시간은 고작 15년이다. 엄마의 역할을 지켜본 본 시간은 턱없이 부족했다. 엄마 역할을 보고 배운 것이 물리적인 양으로 적다. 학습과 경험으로 멋진 엄마 역할을 배우고 시행착오 겪기로 했다. 언니들과 인생 선배님들의 부모 역할을 보고 배웠다. 엄마는 아이에게 광활한 우주다. 엄마라는 넓은 우주 속에서 꿈을 꾸고 상상의 나래를 펼쳐 나간다. 엄마는 아이의 든든한 울타리가 되어주어야 한다. 아이들이 외롭지 않게 사랑도 듬뿍 주었다. 아이들이 원하는 것도 허용된 범위 안에서는 다 해주었다. 내 엄마에게서 가졌던 결핍을 아이들과 함께하는 시간으로 만들었다.

　멋진 엄마가 되기 위해서는 무엇이 필요할까? 어떤 준비를 해야 할까? 어떻게 해야 할까? 부모의 유형은 크게 네 가지로 나뉜다. 민주주의형 부모, 과보호형 부모, 방임형 부모, 권위주의형 부모가 있다.

첫째, 민주주의형 부모는 아이를 하나의 인격체로 대하며, 아이를 격려할 줄 아는 부모다. 대화 속에서 아이의 숨은 뜻을 알고, 잠재 능력을 개발해 주는 부모로서 제일 바람직한 부모 유형이라고 할 수 있다. 아이의 이야기를 충분히 들어주고, 감정을 이해하고 공감해 주되, 아이가 올바른 방향으로 생각할 수 있도록 지도해 주는 성숙한 부모다. 민주주의형 부모에게서 자란 아이들은 타인과의 공감 능력, 올바른 사고력, 스스로에 대한 믿음을 가지고 자라게 된다.

둘째, 과보호형 부모는 아이에 대한 애정이 지나치게 높아, 무엇이든 부모가 다 해주고, 부모의 울타리에 가두려 한다. 통제가 심해 지나친 관심으로 아이를 피곤하게 만드는 부모 유형 중 하나다. 잔소리를 많이 하거나, 아이를 위해 무엇이든 대신하는 부모가 이 유형에 속한다. 부모의 역할은 아이를 언제까지 보호하고, 통제하는 것이 아니다. 부모는 아이의 성장속도에 맞게 조금씩 큰 세상을 열어 주고, 스스로 자립할 수 있게 도와주는 어른이 되어야 한다. 아이가 잘 성장하게 도와주고, 건전한 성인이 되어 건강한 사회의 일원이 되도록 도와주는 존재이다. 과보호형 부모에게서 자란 아이들은 어른·아이가 되거나, 반항심이 강한 사춘기를 보내거나, 캥거루족이 될 확률이 높다.

셋째, 방임형 부모는 아이에게 관심과 애정이 낮고, 육아에 미숙하거나, 자기애가 강한 경우가 많다. 이런 유형의 부모에게서 자란 아이는 자존감이 낮거나, 문제아 성향을 보이기도 하고, 또래만큼의 성취욕이 없다. 부모는 확실한 주관과 교육 철학을 가지고 있어야 한다. 교육에 대한 방향이 없으면, 아이들은 자신이 편한 대로 살아가게 된다.

넷째, 권위주의형 부모는 아이에게 무조건 복종을 강요하고, 부모의 생각이 무조건 옳다고 믿는 부모다. 아이가 부모의 기대나 생각과 다르면 폭언과 폭력도 불사하는 부모로, 주로 부모 자신이 열등감과 피해의식이 있는 경우가 많다. 어려서는 부모가 무서워서 무조건 복종하지만, 나중에는 부모를 멀리하며 싫어하게 된다. 자존감이 낮고 스스로 의사결정을 하는 것을 어려워한다.

아이들에게 멋진 엄마가 되기 위해 실천하는 세 가지가 있다.

첫째, '친구 같은 엄마'다. 결혼을 일찍 한 나는 친구 같은 엄마가 될 수 있었다.

아이가 어릴 때 함께 외출하면 "이모랑 닮았어요."라는 이야기를 많이 들었다.

웃으며 대답했다. "엄마입니다. 제가 아이의 엄마입니다." 다시 한번 확인시켜 주었다. 엄마라는 호칭을 좋아했고 내가 엄마가 된 것이 좋았다. 어린이집, 유치원, 재롱잔치, 학교행사, 어린이날, 작품발표 등 아무리 바빠도 빠짐없이 참석했다. 엄마의 자격으로 갈 수 있는 것이 즐겁고 행복했다. 행사 참석으로 끝나는 것이 아니라 온몸으로 뒹굴며 아이랑 놀았다. 아이와 함께하는 모든 놀이가 새롭고 신기했다. 친구 같은 엄마가 되기 위해 경험의 시간을 많이 만들었다. 아이스링크장에 처음 간 날 넘어져서 다리에 시퍼렇게 멍이 들어도 까르르 웃으며 놀았다. 하하 호호 웃음이 끊이질 않았다. 추억 만들기는 가족여행, 패러글라이딩, 번지점프, 해외 자유여행, 코인노래방, 맛집 탐방, 카페 가기, 영화 보기 등이다.

둘째, '솔선수범하는 엄마'가 되자. 내가 아이 때 듣기 싫었고, 하기 싫었던 것은 아이한테 하지 말자고 다짐했다. 엄마의 잔소리가 듣기 싫었다. 엄마는 사랑이라는 이름으로 잔소리 폭격을 날렸다. 엄마가 꼭 전달해야 할 말은 있다. 아이들의 습관 형성을 위해 필요하다.

"공부해라! 운동해라! 골고루 먹어라! 책 읽어라!" 등은 꼭 해줘야 할 말들이다. 그러나 하루에도 수십 번 듣는 아이들은 잔소리로 들릴 수밖에 없다.

아이들에게 좋은 습관을 길러주려면 어떻게 해야 할까? 엄마의 솔선수범이 잔소리 100번보다 낫다. 아이들은 귀로 듣는 것을 실천하는 것이 아니라 눈으로 본 것을 실천한다. 운동해라 말만 하는 것이 아니라 운동하는 모습을 직접 보여주었다. 엄마는 유튜브 영상보고 숨쉬기 운동만 하면서 아이들에게 운동하라고 하면 아이의 습관을 길러줄 수 없다. 엄마는 아이들에게 거울이다. 24시간이 부족할 정도로 일과 육아, 집안일까지 1인 몇 역을 하다 보니 몸이 지쳐갔다.

멋진 엄마로 거듭나기 위해 운동을 시작했다. 아이들 일어나기 전 새벽 시간을 이용해서 운동을 끝냈다. 아침 운동으로 뒷산 오르기가 최적의 장소였다. 사람이 없어서 운동과 명상을 동시에 할 수 있는 나만의 헬스장이었다. 운동과 함께 식습관도 바꾸었다. 6개월이 지나자, 몸이 가벼워졌다. 솔선수범하면 아이들보다 엄마가 더 좋다. 몸의 건강도 챙기고 생기와 활력으로 긍정적인 에너지도 채워진다. 등산, 요가, 수영을 함께 한다. 몸으로 함께하는 추억 거리가 많다 보니 모녀의 정도 돈독해졌다.

셋째, '표현하는 엄마'가 되자. 엄마한테 '사랑해', '고마워', '행복해'라는 말을 들어 본 적이 없다. 엄마의 사랑 표현은 막대 사탕 주고 과자 사주고, 밥 차려주는 것이 전부였다. 유교 사상으로 감정표현을 하지 않는 것을 미덕으로 여기던 시대였다. 하지만, 현재는 표현의 시대, 나를 알리는 시대다.

엄마의 사랑 표현은 과하게 해도 괜찮다고 생각한다. 마음속에 사랑이 넘칠지라도 표현하지 않으면 알 수 없다. 아이들 일상의 작은 행동 하나도 표현해 준다. 말과 초승달 미소도 같이 보내준다. 가족 카톡방은 소통의 창구다. 아이들의 활동과 취미에도 늘 관심을 가진다. 새로운 분야에 도전하면 응원의 이모티콘도 보내준다.

엄마는 희생하는 존재가 아니라 아이들과 함께 성장하는 존재다. 엄마도 엄마의 역할이 처음이기에 시행착오를 겪으면서 발전한다. 엄마로서의 감정을 솔직하고 충실하게 표현한다. 맛있는 것은 "맛있다." 하고 선물을 받으면 "고맙다."라고 말한다.

　멋진 엄마가 되는 일은 이 외에도 많다. 위의 세 가지도 중요하지만, 아이의 존재 자체만으로 사랑하고 과정과 성장을 지켜보는 엄마! 아이 스스로 경험을 선택하고 자신의 삶을 살 수 있도록 응원해 주는 엄마! 일상을 감사로 보내며 하루를 마음껏 누리는 모습을 보여주는 엄마! 언제나 방글방글 웃으며 '한 번뿐인 인생! 살아갈 만하다.'라고 말하는 엄마! 인생을 행복하게 살아가는 엄마! 도전을 즐기며 성취감과 생동감이 충만한 엄마! 오늘도 되돌아본다. 엄마로서 멋진 하루를 보냈는가?

운동화가 뇌를 움직인다

아리스토텔레스는 말했다. 신은 인간에게 성공에 필요한 두 가지를 주었다. 그것은 교육과 운동이다. 교육은 영혼을 살찌우기 위한 것이고, 운동은 신체를 튼튼하게 하기 위한 것이다. 인간이 완벽해지기 위해서는 교육과 운동이 필수다.

교육만큼 중요한 것은 건강이다. '체력은 국력이다.', '건강한 신체에 건강한 정신이 깃든다.', '운동은 집중력을 높인다.' 운동이 신체에 미치는 긍정적인 영향은 많은 연구 결과를 통해 입증되었다. 하지만, 교육열이 높은 우리나라는 운동에 투자하는 시간이 상대적으로 적다.

2020년 도쿄에서 글로벌 성인들 대상 개인별 운동시간을 조사했다. 대상은 29개국 1,500명 16세 이상 64세까지이다. 운동하는 시간이 전 세계적으로 일주일 평균 6.1시간으로 나타났다. 우리나라는 일주일 평균 4.5시간으로 29개국 중 21위로 하위권에 속했다. 또한, 청소년 운동 부족은 더 심각하다. 세계보건기구 WHO에 따르면 청소년 운동 부족 현상이 80%로 나타났다.

하루에 한 시간도 운동하지 않는 청소년이 많다. 10대의 신체활동이 70대보다 부족한 것으로 나타났다. '2022년 학생건강 체력 평가' 자료에 따르면 초, 중, 고등학생 모두 코로나 이전보다 체력이 떨어졌다. 비대면 수업으로 활동량이 줄고 체육활동도 줄어들었다. 외부 활동을 하지 않고 집에서만 생활했기 때문이다. 운동은 신체, 정신 건강 모두를 개선할 수 있다. 운동하면 좋은 점을 알아보자.

첫째, '운동은 행복해진다.' 운동을 규칙적으로 하면 기분이 좋아지고 불안과 우울감이 줄어든다. 연구 결과에 의하면 운동은 우울, 불안 및 스트레스를 줄이는 것으로 나타났다. 운동으로 스트레스와 불안을 조절할 수 있다. 우울증을 완화 시키는 세로토닌과 노르에피네프린 호르몬에 대한 뇌의 민감도를 증가시킬 수 있다는 것이다.

육아로 체력이 바닥났다. 일상은 행복하지 않았다. 아이가 연일 아프고 보채서 아이를 업고 벽에 기대서 잠을 잔 적이 부지기수다. 아이를 업은 채 벽 속으로 사라져 버리고 싶은 생각이 힘이 들 때마다 들었다. 거울 속 내 얼굴을 보니 끔찍했다.

아이를 위해서라도 건강을 되찾자는 생각으로 운동을 시작했다. 운동으로 얼굴에 생기가 돌고 거울 속에서 웃고 있는 내 모습을 확인했다. 마음의 수용 폭도 커졌다. 아이들에게 칭찬하게 되고 남편의 장점이 보였다. 가족을 대하는 마음이 커졌다. 가족들과 행복하게 살아야지 하는 목표가 생기면서 엔도르핀이 솟아났다. 우울증 진단을 받은 여성을 대상으로 한 연구가 있다. 운동을 하면 우울증이 감소 되는 것으로 나타났다. 가벼운 산책만으로도 기분이 좋아진다. 운동화를 신고 나가자.

둘째, '운동은 체중 감량에 도움이 된다.' 출산 후 임신 중의 식습관을 그대로 유지했다. 출산 후 내 몸무게에서 아이 몸무게만 줄고 나머지 살들은 내 몸에 그대로 붙어 있었다. 체중이 증가한 몸을 보니 자존감이 떨어졌다. 병원 정기검진 결과 나이가 들면 성인병에 걸릴 수 있으니 체중 감량을 권했다. 출산 후 6개월 내외가 다이어트 적기라며 늦어질수록 살이 빠지지 않으니 지금 당장 운동을 시작하라고 했다.

비만은 고혈압, 당뇨병, 고지혈증, 지방간, 담석증, 수면 무호흡증, 생리불순, 다낭성 난소 질환, 불임증, 우울증, 퇴행성 관절염, 통풍을 유발한다. 이외에도 대장암, 췌장암, 전립선암, 유방암 등 각종 암이 생길 위험도 크다. 운동은 빠른 신진대사를 촉진하고 불필요한 열량을 소모한다. 운동으로 근육량은 늘리고 지방은 줄여 체중을 감량할 수 있다.

출산하고 시간이 지나면 자연스럽게 살이 빠진다고 생각했다. 하지만, 육아 선배님들은 한목소리로 시간이 지날수록 체중 감량이 어렵다고 했다. 당장 다이어트를 시작했다. 육아하면서 할 수 있는 일상생활과 운동을 병행했다. 벽에 등을 붙이고 시선은 정면을 바라보고 몸이 일직선이 되게 한다. 코어와 엉덩이에 힘을 주고 30분을 버틴다. 스트레칭은 수시로 했다. 걸어 다닐 때는 코어와 엉덩이에 힘을 주고 다녔다. 거실에서 아이들이 잘 때는 훌라후프도 하고 식탁 의자를 이용한 스쾃도 했다.

식단은 탄수화물은 최소로 섭취하고 저녁 6시 이후로는 먹지 않았다. 1년이 지나니 예전 몸무게로 돌아왔고 2년이 지나니 체질이 바뀌었다.

30년이 지난 지금까지 정상 체중을 유지하고 있다. 운동은 습관이 되어 버렸다. 헬스, 요가, 수영, 걷기, 등산, 댄스, 계단을 오른다. 스트레칭도 틈틈이 하면서 몸을 유연하게 한다. 운동하는 시간은 의도적으로 만들어 자투리 시간을 활용한다.

신체활동이 적으면 체중 증가와 비만의 주요 원인이 된다. 운동을 규칙적으로 하면 건강한 몸을 만들어 준다. 또한, 기초대사량을 높여 체중 감량을 할 수 있다.

셋째, '운동은 두뇌 건강과 기억력에 도움이 된다.' 2017년 미국 신경학회 학술지 신경학 저널에 메이요 클리닉 소속 '로널드 피터슨' 박사는 말했다. 치매 전 단계 경도 인지 장애 치료 처방 중 하나로 주 2회 이상 운동이 포함되어 있다. 규칙적인 운동은 뇌로 가는 혈류를 개선하고 뇌 건강과 기억력을 돕는다.

노인의 경우 정신적인 기능을 보호하는 데 도움이 될 수 있다. 운동은 뇌 기능을 향상하고 기억력과 사고력을 보호할 수 있다. 심장 박동수를 증가시켜 뇌로 가는 혈액과 산소의 흐름을 촉진한다. 뇌세포 성장을 향상하는 호르몬 생성을 돕는다. 운동이 정상인의 뇌 기능을 좋게 해준다는 사실은 많은 연구 결과로 확인되었다. 운동의 뇌 기능 증진 효과는 인지기능이 빠르게 감퇴하는 중년과 노인에게 좋다.

어린이와 청년들에게 꾸준한 운동은 학습 효과와 학업 성취도를 높인다. 치매 등 퇴행성 뇌 질환에 따른 인지기능 저하를 막아주는 효과도 입증된 바 있다. 규칙적인 신체활동은 스트레스 및 염증으로 질병이 생기는 노년층에게 중요하다. 운동은 기억과 학습에 필수적인 뇌의 일부인 해마의 크기를 증가시킨다. 노인의 정신 건강을 개선하는 데 도움이 될 수 있다는 것도 연구에서 밝혀졌다. 우리가 두려워하는 질병 중 하나인 알츠하이머병 및 치매를 일으키는 원인이 되는 뇌의 퇴화를 줄일 수 있을 만큼 운동은 막강한 힘을 가지고 있다.

운동으로 건강해진 몸과 긍정적인 마음의 변화를 확인했다. 운동을 밥 먹는 것처럼 매일 하니 삶이 달라졌다. 가족들과 함께하는 시간이 행복했다. 운동으로 다이어트에 성공하니 자신감이 생기고 자존감이 올라갔다. 우울감이 사라지고 새로운 도전에 두려움이 없어졌다. 타고난 약골이라 생각했는데 아니었다. 운동하지 않아서 기초체력이 떨어진 것이었다. 운동을 시작한 후 정기검진에서 신체 나이가 출생 나이보다 적게 나타났다.

출생 나이보다 신체 나이가 더 중요하다. 운동으로 젊음을 유지할 수 있는 장점도 있다.

신혼 때 공동주택에 살았던 이웃을 오랜만에 만났다. 동그란 눈과 벌어진 입으로 반가움을 표현했다.

"못 알아보겠다! 예전에 알던 사람이 아닌데!"

"아이 정말 왜 그러세요."

"진짜야! 항상 지쳐 있었잖아! 피곤해 보이고! 웃음기 없는 얼굴이었는데 몸도 날씬해지고 인상도 달라졌네! 비결이 뭐야? 혼자만 알지 말고 알려줘."

"네! 언니만 알려 줄게요."

언니 귀에 속삭이며 생색을 냈다.

"언니 운동이야! 최고의 성형은 운동이잖아! 지금도 꾸준히 하고 있고! 운동해서 기분이 좋으니 행복하고 스트레스받지 않으니 건강해지고! 새로운 일에 도전하게 되더라! 공부도 하게 되더라!"고 웃으면서 말해 주었다. 일급비밀을 말해 주듯 어깨를 으쓱했다.

운동화는 뇌에게 속삭인다. 인생은 건강하게 행복하게 살 수 있다고.

내 안의 소리를 듣다

인생은 선택의 연속이다. 선택에 따라 인생이 달라진다. 선택은 신중하게 해야 한다. 선택에 대한 책임을 지기 싫어서 선택을 힘들어하는 사람들이 있다. 선택할 때 힘든 이유를 살펴보면 두 가지 마음이 숨어 있다.

첫째, 두려움이다.

둘째, 책임회피다.

두려움은 선택한 것이 부정적인 결과로 나타날 것 같은 마음이다. 책임회피는 부모님, 배우자, 친구, 주변 사람들에게 선택을 미뤄 결과에 대한 책임을 회피하고 싶은 마음이다. 선택할 때는 이 두 가지 마음을 잘 살펴야 결정한 후에 후회가 최소화된다.

청소년기 잃어버린 시간에 대한 강박증이 있었다. 학령기에 못했던 것을 지금 해야 한다는 시간에 대한 강박증이었다. 청소년기 스펀지 같은 기억을 활용하지 못한 것 때문에 배움의 갈증을 느꼈고 평생학습을 시작했다. 학습은 언제나 내 인생의 우선순위였다. 하루 24시간이라는 물리적인 시간 안에 우선순위는 항상 공부를 선택했다. 다음으로 아이들로 그 외 순위는 과감히 포기했다. 학습하는 삶 중심으로 살았다.

박사라는 목적지에 도달하니 공허감이 밀려왔고 마음의 소리에 귀를 기울였다. 정상에 도착했을 때 짧은 성취감만 맛본 후 마음에 구멍이 생겼다. 지나온 길을 다시 돌아보았다. '나'라는 자동차가 목표를 향해 직진으로 달렸다. 목적지 가는 길가에 핀 들꽃도 파란 하늘도 시원한 바람도 느끼지 못한 채 앞만 보고 돌진했다. 자동차에서 가장 중요한 것이 엔진이다. 사람에게 가장 중요한 것은 마음이다. 자동차 엔진이 고장 나면 달리지 못한다. 사람 마음에 구멍이 생기면 전진할 수 없다. 내 몸집 크기의 구멍이었다. 겨울 찬바람이 거대한 구멍으로 들어왔다. 마음이 시렸다. 이불을 덮어주고 모닥불도 피워주어야 했다.

목적지까지 왔지만 행복하지 않았다. 별명이 '백만 불짜리 미소'였는데 백만 불이 사라졌다. 목표를 달성하고 나를 잃어버린 기분으로 즐겁지 않았다. 나는 무엇을 위해 여기까지 달려왔을까? 누구를 위해? 여긴 어디? 나는 누구?

번아웃이었다. 반갑지 않은 손님이다. 네이버 사전에는 '번아웃'을 일에 몰두하던 사람이 극도의 스트레스로 인하여 정신적, 육체적으로 기력이 소진되어 무기력증, 우울증 따위에 빠지는 현상으로 기재되어 있다. 다리가 사라졌다. 침대에서 일어나지 않았다. 누워만 있었다. 의욕을 내보려 해도 의욕이 생기지 않았다. 아무것도 하기 싫었다. 일에 대한 열정도 도전하고 싶은 욕구도 없이 하루 무탈하게 지내는 것이 전부였다.

나만의 세계로 깊숙이 들어갔다. 마음의 소리가 들려왔다. 예전의 나로 돌아가고 싶었다. 유쾌하고 정열적이고 의지가 강한 나의 모습을 찾고 싶었다. 내가 선택한 것에 대해 후회하고 싶지 않았다. 현재의 내 삶에 비겁하게 회피하지 않고 직면하고 싶었다. 나에 대해 궁금증이 생겼다. 나를 알고 싶었다. 공부하는 것을 좋아하고 열심히 최선을 다해서 산다고 생각했다. 진정으로 내가 가고자 하는 인생은 어떤 곳일까? 내면으로 느리게 들어가 보았다. 의도적으로 말도 느리게 하고 행동도 느리게 하면서 천천히 생각해 봤다. 예전의 일기장을 들추었다.

매해 일기장 첫 페이지 1번에 기록된 내용이었다. '아름다운 가정 만들기' 유년시절 가져보지 못한 대리만족으로 웃음꽃 피어나는 가정을 만들고 싶었다. 매년 일기장마다 적혀 있었던 '아름다운 가정 만들기'를 잊고 있었다. 나만 두 주먹 불끈 쥐고 달렸다. 가족들을 등에 업고 뛸 수는 없었다. 다시 그 자리로 돌아가기로 했다. 인생을 살다 보면 다시 돌아가야 할 때가 있다.

가족들을 챙기고 아이들과 대화를 많이 했다. 아이들이 원하는 것은 자신의 이야기에 귀 기울여주고 시간을 함께 보내는 엄마였다. 아이들 말에 경청해 주는 여유로운 엄마로 다시 태어나기로 했다. 아이들에게 당당한 엄마가 되고자 했던 것을 까맣게 잊고 있었다. 가족들에게 관대해졌다. 가족들과 나누는 대화 내용을 바꾸었다. '감사합니다. 고맙습니다. 행복하세요. 사랑합니다.' 가족 톡 내용도 '많이 웃자. 하늘 보자. 즐거운 하루 보내자.'로 바꾸었다. 마음이 편안해지고 집 나갔던 미소가 돌아왔다. 미래가 불안해서 일중독의 삶을 살았다. 마음의 소리를 듣고 난 후 주말에는 가족들과 카페도 가고 맛집 투어도 한다. 마음의 소리에 귀를 기울이니 가족들이 품 안으로 들어왔다.

가족들과 함께 보내는 시간은 행복했다. 가족들에게 오랫동안 사랑을 나눠 주기 위해 혼자만의 시간도 필요했다. 혼자 여행은 기회가 되면 해 보고 싶다는 꿈만 꾸고 있다가 미루지 않기로 했다. 인생 후반부를 위해 큰 쉼표가 필요한 시점에 나한테 집중하는 시간을 가지기로 했다. 나에 대해 깊이 파헤치고 싶었다. 혼자 여행을 떠가기로 했다. 혼자 여행을 가 본 적이 없기에 새로운 도전이었다. 아이들이 한마디 툭 던진다.

"엄마 지금 여행 못 가면 다시는 못 가요." 걱정하는 것을 알기라도 하듯 아이들 말에 용기를 얻었다. 일기장과 노트북만 챙겨서 출발했다.

마음의 소리를 따라 떠난 '혼자 여행'을 마치고 안전하게 집으로 돌아왔다. 하늘의 별만큼 고민의 밤으로 결정한 '혼자 여행'은 오롯이 나에게 집중할 수 있는 시간이었다. 마음의 소리에 귀를 기울이며 나를 알아가는 시간이었다.

　혼자 있으면 외롭다고 생각했었다. 혼자서도 외롭지 않다는 것을 알게 되었다. 혼자서도 시간을 잘 보내는 사람이고, 혼자여서 내면이 더 충만할 수 있다는 것도 알았다. 혼자 여행을 통해 앞으로 나아갈 삶의 방향도 잡게 되었다. 디자이너이자 예술가 로레타 스테이플스는 "자신이 원하는 것을 명확히 알면 세상도 명확하게 응답한다."라고 말했다. 내가 진정으로 원하는 것을 알기 위해 마음의 소리에 귀 기울인 시간이었다.

목표설정의 한 끝

목표가 중요하다는 것은 누구나 아는 사실이다. 하지만, 목표를 세우더라도 실패로 끝나는 경우가 대부분이다. 왜? 목표를 이루고자 하는지? 목표를 이루어 누구를 도울 것인지? 정확히 알지 못한다. '돈 벌고 싶다.', '성공하고 싶다.' 만으로는 제대로 된 목표를 설정하지 못한다. 목표를 설정해도 이루지 못한다. 목표를 설정할 때는 시간의 여유를 가지고 세워야 한다. 목표를 이루려면 목표를 설정하는 방법과 목표를 좇는 방법에 대해 알아야 한다. 뇌과학자 '앤드류 후버만'은 목표설정에서 효율성과 성취율이 높은 두 가지 방법을 알려준다.

첫째, '하나의 목표'다. 2024년이 이틀 앞으로 다가왔다. 새해와 함께 언제나 새로운 다이어리를 쓴다. 다이어리 첫 페이지는 한 해 목표를 적는다. 한 해의 목표는 하나의 목표가 아니라 여러 개의 목표였다. 다이어리를 2019년부터 2023년까지 5년 동안의 기록을 살펴보았다. 목표가 연도별 차이는 있지만 5개에서 8개가 적혀 있었다. 2019년에는 5개의 목표가 적혀 있었다. 2019년도 목표 중 이룬 것은 아무것도 없었다.

간절하지 않았기 때문이다. 미루기를 반복하다 시도도 하지 않은 것들이다. 중요한 단 하나의 목표에 주목하지 않았기 때문이다. 목표가 많으면 물리적인 시간에서 오랫동안 유지하기가 어렵다. 목표가 여러 개면 시도하지 않거나 작심삼일이 된다.

목표를 하나로 정하는 구체적인 방법은 다음과 같다.

하나, 종이와 펜을 꺼낸다.

둘, 2024년 이루고자 하는 목표를 모두 적어본다.

셋, 적은 목표 중 덜 중요한 목표를 하나씩 지워나간다.

넷, 마지막까지 남아 있는 한 가지 목표에만 주목하면 된다.

2024년 상반기 단 하나의 목표는 '개인 저서' 출간이다. 글쓰기에만 시간과 에너지와 온 신경세포를 집중시킬 것이다.

둘째, '이루지 못할 만큼 거대한 목표'를 세운다. 목표를 세울 때 과거에는 자신의 역량보다 조금 높은 목표를 세워서 성취감을 맛보고 그다음 목표는 조금 더 높게 설정하는 것이라고 했다. 최근에 밝혀진 연구 결과에 따르면 목표를 세울 때 이룰 수 있다고 생각하는 것보다 더 큰 목표를 세워야 한다고 '두뇌 과학자'들은 말했다.

높은 목표를 세우고 성장해가는 나를 응원하면서 간절히 원했고 실천했다. '뇌 과학' 이론이 맞다. 목표를 세울 때 너무 낮은 목표를 세우면 뇌 '편도체'에서 변화에 충분한 각성상태를 만들지 않는다. 각성상태가 중요한 이유는 두뇌가 각성상태가 되었을 때 두뇌는 불편함을 느끼고, 두뇌는 새로운 화학 작용을 만들어 낸다. 화학 작용은 새로운 신경회로를 만들게 된다. 일정 기간이 지나면 우리의 뇌는 그것을 익숙하게 받아들인다.

교육대학원에 입학할 당시 두려움이 컸다. 대학을 졸업한 지 오래되어 대학원 과정에 잘 적응할 수 있을까? 걱정이 앞섰다. 걱정은 단기간에 끝냈다. 6개월 지나니 대학원 생활이 재미있어졌다. 산처럼 보였던 교수님과 대학원 동기들이 편안해졌다. 자신감이 생겼다.

큰 목표를 세우고 약간의 두려움으로 나아갈 때 두뇌는 최대 능력치를 사용할 수 있게 된다. 큰 목표는 두려움과 긴장한 상태를 느끼면서 목표로 가는 과정 중에 좌절할 상황이 생긴다는 것을 알게 된다. 이미 인지한 상태에서 좌절을 경험하면 그 두려움은 단지 두려움이 아니다. 목표 달성을 위한 새로운 신경회로를 만드는 필수적인 부분으로 작동한다. 두려움을 이겨내면 목표를 이루게 된다. 다음 도전은 좌절감을 목표로 가는 과정으로 받아들이게 된다. 과거에는 포기했을 순간에, 지금은 새로운 신경회로가 학습되는 걸 느낀다. 결국, 원하는 목표나 성공을 이루는 건 하나의 습관이 된다. 목표설정을 신경생리학적으로 이해하고 우리 두뇌를 이용해야 한다. 두뇌가 생리학적으로 돌아가는 것을 이해하는 순간 우리는 뇌를 지배할 수 있다.

한 가지 목표를 정했다면 그 목표를 이루기 위한 행동계획을 어떻게 세워야 할까? 목표를 동사형 문장으로 바꾼다. 이 방법은 목표 달성 확률을 높이고 동기부여를 꾸준하게 지속하도록 만들어 준다.

예를 들자면,

'작가가 되겠다.'를

'나는 매일 한 시간 글쓰기를 한다.'

'하루에 쉬는 시간을 제외하고 무슨 일이 있더라도 한 시간 글쓰기를 한다.'

'휴일이나 행사가 있는 날에도 반드시 한 시간 글쓰기를 한다.'

'한 시간 글쓰기를 밥 먹듯이 실천한다.'

'출간계획을 매일 한 번씩 큰 소리로 읽는다.'로 바꾸는 것이다. 목표가 잘 실행되고 있는지 점검하는 주기는 3개월, 12주 단위가 가장 좋다. 공휴일이나 특별한 일이 있어도 가장 효율적으로 지속하게 만드는 시간이다. 짧지도 길지도 않는 시간이기 때문이다.

셋째, '종이에 적어야 한다.' 실제로 많은 연구에서 종이에 적는 중요성을 강조하고 있다. 하버드대 졸업생을 대상으로 한 추적조사 결과가 있다. 목표를 세우고 글로 적은 사람과 목표도 세우지 않고 글도 적지 않은 사람들을 30년간 추적 조사했다. 목표를 구체적으로 세우고 글로 적은 사람 3%는 행복 만족도도 높고 시간적 자유, 경제적 자유를 누리며 세상을 움직이는 부류의 사람으로 살아가고 있었다. 목표만 세운 사람 17%는 원하는 인생을 살고 중산층의 삶을 살고 있었다. 목표 없이 살았던 80%는 소망만 있을 뿐 자신의 꿈과는 동떨어진 삶을 살아갔다. 다른 사람 꿈을 이루도록 도와주는 역할을 하며 경제적으로 여유롭지 못했다.

상반기 목표인 개인저서 출간계획표가 노트북 앞에 붙여져 있다. '개인 저서' 출간은 초고 완료, 1차, 2차, 3차 퇴고 날짜와 마감 기한이 적혀 있다. 출판사 투고, 출간계약 체결, 출판사 퇴고, 교정 작업, 온라인 출판기념회, 개인 저서 출간, 출간기념 특강, 잠실 교보 저자사인회 등이 적혀 있다. 글쓰기 공부를 위해 목요일 문장 수업, 토요일 글쓰기 수업, 독서 모임, 저자 특강에 빠짐없이 참가하기라고 적었다. 하루에 퇴고해야 할 분량도 적혀 있다. 목표로 설정해 둔 마감 기한을 생각하면서 글쓰기를 한다.

미국 작가 지그 지글러는 이렇게 말했다. "목표는 커야 한다. 작은 목표는 작은 성취감만 느끼게 할 뿐이다. 목표가 커야 성취감도 크고 능력 발휘를 최대 시킬 수 있다." 목표를 이루기 위해서 한 가지 목표만 세워야 한다. 2024년 단 하나의 큰 목표에 에너지를 집중시킨다.

글쓰기를 단점이라 생각하고 회피하면서 어려워하고 힘들어했다. 스스로 넘지 못할 산이라 생각했다. 목표를 설정했고 마음가짐도 바꾸었다.

"나는 아마추어 작가다. 글쓰기는 잘하는 것보다 꾸준히 쓰면 된다."

마감 기한까지 꼼꼼히 다이어리에 적고 글을 쓴다. 노먼 빈센트 필은 "분명한 목표를 세워라. 구체적이고 확실할 때까지 수정해라. 마음속에 항상 간직하라. 목표를 계속 생각하고 믿어라. 분명한 목표가 있다면 적극적으로 실천해라."라고 했다.

마음을 설레게 하는 것

심장은 가슴 중앙에서 왼쪽으로 약간 기울어진 곳에 있다. 크기는 주먹만 하다. 심장이 빨리 혹은 천천히 뛰는 것은 '자율신경계' 때문이다. '자율신경계'는 몸의 각 장기 작용을 조절하는 기능으로 '교감 신경'과 '부교감 신경'으로 되어 있다. 교감 신경은 사람이 흥분할 때 기능이 발휘된다.

심장이 빨리 뛰고 침이 바싹바싹 마르면 교감 신경이 작동하는 것이다. 사랑하는 사람과 함께 있을 때, 좋아하는 일을 할 때 뇌에서 감정을 담당하는 부분이 활성화되면서 심장이 뛴다. 남편과 연애 시절, 보물들을 처음 만났던 날, 내 집 마련한 날, 강의할 때, 홀인원 한 날, 명강사 대상 받던 날, 우수 교수상 받던 날, 박사학위 받던 날! 창원 시장상 받던 날, 좋은 수업 나누기 최우수상 받던 날 등 살아오면서 기쁘고 즐거운 일에는 심장이 뛰었다.

내 삶을 변화시킨 또 하나의 심장을 뛰게 했던 사건이 있다. 생활잡지

〈좋은 생각〉와의 만남이다. 방송통신고등학교 2학년 꽃비가 내리던 4월 초 같은 반인 우아하고 조용한 언니가 있었다. 인생 멘토로 삼을 정도로 60대 얼굴에 책임을 지는 언니는 예쁜 미소와 말에도 품위와 품격이 있었다. 내가 찾던 어른다운 어른이었다. 어른 대접을 받기보다는 아랫사람을 배려해 주고 말보다는 몸으로 실천했다. 배울 점 많은 언니는 부모로서 의무를 마치고 자아를 찾아 공부하러 왔다. 오른손으로 작은 책 하나를 건넨다.

"선물이야."

"언니 이게 뭐예요?"

"〈좋은 생각〉이라는 생활잡지야!"

"제목이 예쁘네요."

"응! 매달 발행되는데 책 내용이 좋아서 알려주고 싶었지! 잡지가 얇고 내용도 쉬워서 읽기 좋을 거야. 읽어보고 괜찮으면 이야기해! 또 줄 테니까."

"네! 언니! 감사합니다."

〈좋은 생각〉과 만남은 이렇게 시작되었다. '좋은 생각이 좋은 행동을, 좋은 행동이 좋은 습관을, 좋은 습관이 운명을 바꾼다.' 제목부터가 마음에 쏙 들어왔다. 〈좋은 생각〉은 1992년부터 출간되었다. 30년 전통을 자랑하는 생활 이야기를 다룬 잡지다. 한 달에 한 권씩 출간되는 것으로 A4

용지 크기보다 작다. 한 손으로 잡고 읽기 좋고 내용도 어렵지 않다. 책 읽기를 싫어하는 나한테는 안성맞춤인 책이었다. 두껍고 어려운 책은 책장이 넘어가지 않는다. 결국 중간에 책장을 덮어버린 책이 많았다. 〈좋은 생각〉은 술술 잘 읽혔다. 책 속으로 빨려 들어간다는 표현이 맞다.

평범한 사람들의 글로 주변에서 흔히 보고 들을 수 있는 보통 사람들의 이야기가 책 속에 넘쳐난다. 매월 독자들에게 투고를 받아서 채택된 글의 작가에게 소정의 기념품을 보내준다. 손안에 잡히는 핸드북으로 널리 알려진 〈좋은 생각〉은 어디를 가든 볼 수 있었다. 은행, 병원, 행정복지센터, 미용실, 헬스장에도 있었다. 손쉽게 접할 수 있는 인기 있는 책이었다. 삶의 진솔한 이야기를 담고 있었다. 일상에서 일어나는 이야기를 다룬 내용이라 마음에 들었다. 어려운 고전이나 철학책처럼 먼 나라 이야기가 아니었다. 살아가는 인생 이야기였다. 다른 사람들의 삶을 통해 배울 것이 많이 있었다. 내 삶에 적용했다. 책의 구성은 수필, 칼럼, 일상생활에 유용한 상식으로 되어 있었다. 수필은 평범한 사람들의 희, 로, 애, 락 등의 이야기였다.

페이지 오른쪽 아래에는 '한 줄' 문장이 있었다. 나는 '한 줄' 문장을 좋아했다. 평범한 사람들이 살아가는 이야기를 통해 사색하면서 '한 줄' 문장을 일상에 실천하기 시작했다. 책을 항상 가지고 다니며 읽었다. 다음 달에는 어떤 사람들의 이야기가 펼쳐질지 궁금했다.

〈좋은 생각〉을 정기구독했다. 매월 배송으로 받아 볼 수 있는 편리함과 함께 가격도 저렴했다. 인생 살아오면서 정기구독 신청은 〈좋은 생각〉이 처음이자 마지막이었다. 〈좋은 생각〉의 '한 줄' 문장은 일상의 작은 실천을 습관으로 만들었다. 삶의 변화가 나타났다. '한 줄' 문장을 실천한 것은 다음과 같다.

'오늘 하루가 마지막 날이다.', 하루 24시간을 밀도 높게 사용했다.

'당신이 할 수 있다고 믿든, 할 수 없다고 믿든, 믿는 대로 될 것이다.', 목표를 세운 것은 한 치의 의심도 없이 믿었다.

'당신은 인생 주인공이다. 그 사실을 잊지 마라. 지금까지 당신이 만들어 온 의식적 그리고 무의식적 선택으로 인해 지금 당신이 있는 것이다.', 내가 선택한 과거의 결과물들이 지금의 내 자리고, 미래 내 자리는 지금 어떤 선택과 실천을 하느냐 따라 달라진다. 미래에 초점을 맞추며 매 순간 선택을 했다.

'최고에 도달하려면 최저에서 시작하라.', 처음에는 아무것도 없었다. '방송통신고등학교' 입학부터 시작했다.

'인간의 삶 전체는 단지 한순간에 불과하다. 인생을 즐기자.', 공부도 하고 아이들 양육과 일도 하지만 때때로 일상에서 작은 행복을 누리려고 노력했다.

'인생에서 원하는 것을 얻기 위한 첫 번째 단계는 내가 무엇을 원하는지 결정하는 것이다.', 공부가 하고 싶었다. 내가 원하는 것을 얻었다.

'인생에 뜻을 세우는 데 늦는 때란 없다.', 친구들과 비교하지 않았다.

내일보다는 오늘 시작이 빠르다고 생각하며 도전했다.

'성공으로 가는 엘리베이터는 고장입니다. 반드시 계단을 이용해야만 합니다. 한 계단씩 한 계단씩.', 갑자기 성공과 영광이 주어지지 않는다. 인생은 시간과 노력과 정성이 들어가야 원하는 결과를 얻을 수 있다.

'삶을 사는 데는 두 가지 방법이 있다. 하나는 기적이 없다는 것이고, 하나는 기적이 있다는 것이다.', 나 자신을 믿었다. 나는 운이 좋고 인복이 많다고 생각했다. 그 믿음이 기적을 만들었다.

'내가 헛되이 보낸 오늘은 어제 죽은 사람이 그토록 그리던 내일이다.', 죽음을 항상 염두에 두고, 하고 싶은 일은 모두 도전했다.

'가장 젊은 날은 오늘이다.', 공부할 때 주변에서 다 늦었다고 했다. 나에게는 오늘이 가장 젊은 날이었다. 늦다는 것에 두려워하지 않았다.

'배움에 정해진 때란 없다.', 공부하는 그때가 나에게는 때라고 생각했다. 오로지 나에게 집중했다. 공부를 할 수 있음에 감사했다. 일상을 알차게 살아가려고 노력했다. 매일 한 장씩 읽는 글이 긍정과 희망의 에너지로 채워졌다. 손안의 작은 책 하나가 일상을 밀도 있게 살게 했고 평생학습하는 삶으로 만들었다.

매월 첫째 날 심장을 바운스 바운스 하게 만들었던 〈좋은 생각〉은 내 인생을 변화시켰다. 책을 펼칠 때 어떤 문장이 내 심장을 뛰게 할지 호기심 가득한 눈으로 읽어 내려갔다.

문장 수업에서 강조하는 말이 있다. 독자를 생각하며 글을 써라! 독자에게 어떤 메시지를 전해줄지 고민하며 글을 쓰라! 울림이 있는 메시지를 넣어라! 독자 인생을 바꾸는 것은 책 전체 내용이 아니다! '한 줄' 문장이다. '한 줄' 문장을 읽을 때 가슴이 벅차올랐다. 특별한 사람이 아닌 평범한 삶의 이야기가 내 삶 속으로 들어왔다. 나만의 이야기를 만들어 갔다.

책을 읽으면 '한 줄' 문장을 머릿속에만 두지 않고 반드시 실천한다. 〈좋은 생각〉'한 줄' 문장을 꾸준히 실천했다. '한 줄' 문장을 나만의 문장으로 만들어 삶에 적용했다. '한 줄' 문장을 나의 어록으로 바꾸고, 자기화한다. 살아 숨 쉬는 나만의 지식으로 만들었다. 〈좋은 생각〉은 3년 정기 구독했다.

시작의 위대함

　나에 대해 잘 아는 사람은 가족을 제외하고는 몇 명 안 되는 친구들이다. 결혼하고 각자의 삶을 살기 바빠 오랫동안 연락이 뜸했던 친구를 만났다. 신혼 초 잠깐 모임을 같이 했던 사이로 박사 졸업을 축하한다며 연락이 왔다.

　친구는 분홍색 철쭉 화분을 선물로 들고 와서는 "수고했어."라고 말하며 등을 토닥여 주었다. 친구는 예전 그대로 피부도 좋고 서글서글한 성격에 여유롭고 당당함이 뿜어져 나왔다.

　친구와 나는 서로의 근황을 묻는 이야기부터 시작했다. 친구는 어떻게 공부했냐며 호기심 어린 눈으로 물어본다. "정말 고생했다"라며 위로의 말을 건넨다. 만나지 못했던 시간만큼 수다를 이어갔다.

　"좋아 보인다."

"너도 좋아 보여!"

"출발은 똑같았는데! 다른 모습으로 만나네!"

"무슨! 너야말로 아이도 잘 키우고 멋지지!" 친구와 서로 칭찬을 나누며 앞으로는 자주 만나자는 약속을 하고 헤어졌다.

친구들은 현재 내 모습을 부러워한다. 눈에 보이는 지금의 모습에만 관심이 있다. 30년이 지나는 동안 무슨 일이 있었는지는 궁금해하지 않는다. 친구들에게 내 모습은 알라딘 요술램프가 소원을 들어주었다고 생각한다. 하늘에서 현재 자리가 뚝 떨어진 것처럼 이야기한다. 세상에 공짜 없다. 씨앗을 뿌리고 잘 가꾸어 줘야 열매를 수확할 수 있다. 뿌린 대로 거둔다. 원인과 결과가 있을 뿐이다. '시작'을 했기 때문에 '결과물'이 있었다.

첫 번째 시작은 '방송통신고등학교' 입학이다. 박사학위 취득의 시발점이었다. 고등학교 졸업장이 있어야 학사, 석사, 박사의 과정을 밟을 수 있다. 고등학교는 매달 두 번 출석했다. 첫 주, 셋째 주 토요일 아침 아홉 시부터 저녁 다섯 시까지 수업을 듣는다. 개인 사정으로 고등학교를 졸업하지 못한 사람들에게 배움의 기회를 제공해 주는 곳이다. 3년의 과정을 마치면 고등학교 졸업장을 받는다. 학습의 장에서 새로운 사람을 만났다. 학업에 대한 결핍으로 배움이라는 공동목적을 가지고 온 사람들이다.

"인생을 바꾸려면 주위 사람을 바꾸어라."라는 말이 있다. 같은 반 큰 언니랑 40년 나이 차이가 났다. 부모님만큼 인생 연륜과 지혜가 많은 사람이었다. 학우들 덕분에 삶의 지혜를 일찍 배울 수 있었다. 학습을 어린 나이에 시작한 나에게 지혜의 말과 응원을 해주었다.

"무엇이든 시작할 수 있는 나이야!"

"열심히 배우고 도전해! 시간 충분해!"

"5년만 공부해도 인생이 달라져!"

"20년 공부해도 언니보다 나이가 적어!"

"세상은 네가 열심히 사는 만큼 그 이상으로 다시 돌려준단다! 아름답고 신나고 재미있는 곳이야!"

"열심히 살아야 우리처럼 노후는 여유와 풍요로움을 누리며 사는 거야!"

세상이 아름답고 즐거운 곳이라는 말을 처음 들었다. 인생 선배로서 진심으로 나를 응원해 주었다. 격려해 주었다. 학우들의 묵직한 응원의 말이 가슴에 깊숙이 들어왔다. 내 인생을 멋지게 만들어 가고 싶었다. 언니들 말대로 실천해 보자며 다짐했다. 학습의 즐거움과 사랑도 듬뿍 받았다.

두 번째 시작은 '유아교육' 전공이다. 학사는 유아교육을 전공했다. 유아들 앞에서 수업한 덕분에 기업 강의 시작부터 무대 공포증이 없었다.

강의를 처음 한 날이 어제 일처럼 또렷하다. 대상은 ○○○회사 기술직 사원 25명이었다. 주제는 '소통과 긍정의 힘'이었다. 강의 준비를 몇 날 며칠을 했다. 강의가 잘못될까 불안해서 연습을 수십 번 하고 강의 교안을 달달 외웠다. 집에서 일찍 출발해 강의장으로 갔다. 강의장에 들어가기 전 차에서 우황청심환을 먹었다. 강의장 문을 열자, 심장 쿵쾅거리는 소리와 입안이 바짝바짝 말랐다. 컴퓨터에 강의자료를 세팅해 두고 교육생을 기다렸다.

교육생이 들어오고 담당자의 공지 사항 전달 후 강의를 시작했다. 1교시 수업이 어떻게 흘러갔는지 기억도 없었다. 50분 수업이 눈 깜짝할 사이에 끝났다. 담당자는 뒤에서 참관하고 있었다. 담당자에게 쉬는 시간에 다가가 조심스럽게 말을 건넸다.

"긴장을 많이 했습니다. 첫 강의라 제가 많이 떨었죠?"
"모르겠던데요. 지금처럼 하시면 됩니다."
"감사합니다. 2교시부터 재미있게 해보겠습니다."

담당자 말에 가슴을 쓸어내렸다. 1교시에 떨리던 것이 휴식 시간에 피드백 받고 자신감이 생겼다. 유아들 대상 수업을 하면서 무대 공포증과 불안은 이미 단련되었다. 장소와 대상이 달라졌을 뿐이다. 마음을 바꾸었다. 학습자를 나이 많은 유아라 생각하고 2교시 수업은 여유롭게 강의

했다. 강의는 고저와 장단으로 자연스럽게 흘러갔다. 유아들에게 수업할 때처럼 풍부한 표정과 목소리를 자유자재로 변형했다. 강의를 잘 마무리했다. 강의 잘한다는 소리를 듣는 밑바탕은 유아 대상 수업을 하며 강의 기본기를 다졌기 때문이다. 강의 피드백이 좋은 이유다.

세 번째 시작은 '글쓰기'다. 2020년도에 글쓰기를 시작했다가 중도 포기했다. 시작하면 끝을 보는 성격인데 마무리 짓지 못한 것이 내내 찜찜함으로 남아 있었다. 2023년 7월 다시 글쓰기를 시작했다. 마음가짐도 다시 했다.

'나는 글을 못 쓰는 사람이다.'를 '매일 조금씩 꾸준히 글 쓰는 사람이다.'로 바꾸었다.

글을 못 쓰는 것은 문제가 아니었다. 글을 안 쓰는 것이 문제였다. 글을 쓰지 않으면서 글을 못 쓴다고 핑계를 대고 있었다. 책상 위 노트북은 켜지도 않고 손은 놀고 있으면서 불평만 했다. 시작도 하지 않으면서 글쓰기가 어렵다 투덜대며 글감이 떠오르지 않는다고 푸념했다. 하루에 조금씩 쓰기 시작하니까 글쓰기가 된다. 글을 쓰지 않을 때는 떠오르지 않던 글감들이 글을 쓰기 시작하자 글감이 포도송이처럼 주렁주렁 달린다. 글쓰기를 시작했다.

속담에 "시작이 반이다.", "천 리 길도 한 걸음부터."라는 말이 있다. 글쓰기를 시작하고 초고를 마무리했다. 글쓰기를 처음 할 때 글감도 부족하고 앉아 있는 것 자체가 힘들었다. 하지만, 매일 한 꼭지씩 쓰다 보니 초고가 완성되었다. 퇴고 작업 몇 번 하다 보면 개인 저서 출간하는 날이 올 것이다. 올해 남은 며칠을 잘 보내는 사람이 내년도 잘 보낼 수 있다. 시작하는 1일이 없는데 100일이 있을까? 1000일이 있을까? 내일로 미루지 말고 지금 바로 시작하자. 2023년 남은 3일 동안 무엇이라도 시작하는 사람은 2024년 목표도 이룰 수 있다. 2023년은 그냥 보내고 2024년 새해에 시작해야지! 생각한다면 내년에도 인생이 특별히 달라지지 않는다. 지금 당장 시작하자. Now! Start!

시작은 위대한 스승이다.

제3장

소통하는 평생학습:
100세 시대,
학습은 필수

평생교육이 필요한 이유

평생학습 시대다. '평생교육'이란 평생교육법 제2조 제1호 학교의 정규 교육과정을 제외한 학력 보완교육, 성인 문해교육, 직업능력 향상 교육, 인문 교양 교육, 문화예술교육, 시민 참여 교육 등을 포함하는 모든 형태의 조직적인 교육 활동을 말한다. 현대사회는 초 단위로 바뀌고 있다. 챗GPT, 4차 산업 혁명, 빅데이터, 인공지능, 메타버스 등 기술 혁명이 변화를 앞당기고 있다. 학교에서 배운 지식은 기술을 따라가지 못한다.

기후 위기도 미래를 불안하게 만드는 큰 요인이다. 온난화, 바이러스로 인간은 이미 자연의 재앙을 입고 있다. 수명은 100세 시대, 120세 시대라는 이야기까지 나온다. 초고령화 사회를 살아 본 적이 없다. 처음 만나는 세상이 연이어 온다. 따라서 퇴직 후 삶에도 관심이 많다. 기술의 발달에 따른 사회변화로 누구나 노후를 안정되고 풍요롭게 보내고 싶어한다. 그래서, 평생학습을 해야 한다. 평생직장의 개념은 오래전에 사라졌다. 지금은 평생직업의 시대다. 정규교육이 평생직업을 보장해 주지 못한다. 평생직업을 위해 평생학습이 필요하다. 현대사회에서 평생학습의 필요성이 강조되는 이유는 다음 3가지로 설명할 수 있다.

첫째, 지식 정보화 사회로 지식의 수명이 점점 짧아지고 있다. 산업사회에서는 대학 졸업장으로 정년까지 보장되었다. 취업하면 정년까지 재직할 수 있었다. 그러나 4차 산업 혁명 시대는 정년이 보장되기 어렵다. 직장에서 기술변화에 적응하지 못하면 회사를 그만두어야 하는 사태까지 발생한다. 지식 정보화 사회에서는 학교 교육을 넘어서 평생교육이 핵심이다. 이러한 현상은 점점 더 가속화될 것이다.

재직기간 동안 사회변화에 따른 단기, 중기, 장기 평생학습을 해야 한다. 사회적으로 산업경쟁력을 높이기 위해 학습은 선택이 아닌 필수다. 누구나 어디서나 언제나 교육을 받을 수 있도록 교육의 대상과 장소를 확장해야 한다. 시대의 변화에 적응하기 위해서는 지속적인 학습이 필요하다. 교수자 중심이 아닌, 학습자 스스로 선택하고 계획하는 평생학습이 이루어져야 한다.

둘째, 학습 패러다임의 변화로 획일적으로 이루어지는 학교 교육에 한계점이 드러났다. 지식은 교육되는 것이 아니라 학습을 통해 획득되는 것이다. 학습자의 지식은 교육보다 학습이 효과적으로 체득된다. 교육이 가르치는 교수자 중심이라면 학습은 학습자의 주체성과 능동성에 중점을 둔다. 학습자가 중심이 된다. 학교 교육인 형식교육이 지금까지 이루어졌다.

미래 학습은 비형식학습이 주를 이룰 것이다. 평생학습은 교육 제공자가 아닌 학습자의 요구가 주체가 된다. 학생들의 다양한 경험을 위해서 학교 밖 다양한 체험 공간이 필요하게 되었다. 개인 사정으로 학교에 소속되지 못한 청소년에게는 학교 밖 교육이 필요하다.

내가 선택한 '방송통신고등학교'는 준형식교육의 대표사례. 준형식 평생교육이란? 초ㆍ중ㆍ고등교육 형태의 평생교육 기관이다. 학력을 인정하고 학위를 부여할 수 있다. 공민학교, 고등공민학교, 고등기술학교, 각종학교, 산업체 부설 고등학교, 근로 청소년을 위한 특별학급, 방송 통신 중ㆍ고등학교, 학력 인정 평생교육시설, 방송통신대학, 산업대학, 기술대학, 원격ㆍ사이버대학, 사내대학, 기능대학 등이다. 방송통신고등학교는 방송 통신을 통하여 고등학교 교육 과정을 이수하는 곳이다. 학령기 때 공부하지 못한 사람들이 학위를 받을 수 있다. 세계화로 다문화가족, 노동이주민, 결혼이주민의 평생학습이 무엇보다 필요하다. 소속 대학의 사회복지학과, 중국 비즈니스학과의 교양수업을 하고 있다. 다문화가족의 학생들이 베트남, 필리핀, 중국, 조선족 등으로 타국에서 학습에 소외되지 않도록 다양한 평생교육 프로그램이 필요하다.

학교 교육에서 제공하지 않는 삶의 질을 높이는 여가 프로그램도 필요하다. 스포츠 프로그램이 적극적으로 활성화되고 있다. 파크 골프, 양궁, 승마, 골프, 수영 등 편리하게 이용할 수 있는 평생학습 시설과 프로그램이 제공되어야 한다. 문화, 예술 분야의 프로그램도 확대될 필요가 있다.

셋째, 노인 인구 증가가 평생교육이 필요한 이유 중 하나다. 통계청 발표에 따르면 2022년 65세 이상 고령 인구는 전체 약 17.5%였다. 2025년 20%를, 2035년에는 30%가 넘는다. 급기야 2050년에는 인구의 약 40%가 65세 이상 노인일 것이다. 평생교육은 새로운 신중년 노인들에게 성장과 발전을 추구할 수 있는 좋은 도구가 된다. 인간의 수명이 100세를 넘어 120세를 바라본다. 베이비붐 세대 퇴직이 시작되었다. 퇴직 후 최소 20~30년 이상의 시간을 보내야 한다. 인생 1막은 생계를 위해 직업인으로 살았다면 인생 2막은 자신을 위해 보상받을 자격이 충분하다.

인생 2막은 여유와 풍요로움으로 보내길 원한다. 베이비붐 세대가 하고 싶었던 커피, 와인, 미술, 음악, 스포츠를 배울 수 있는 다양한 학습의 장을 마련해 주어야 한다. 평생교육을 통해 취미활동과 개인의 능력으로 지속적인 경제활동도 가능하다. 학습으로 활기찬 노후의 삶을 보낼 수 있다.

수업 중에 심심찮게 성인 학습자를 만나는 상황이 발생한다. 70세가 넘은 성인 학습자를 만났다. 수업 시간에 늘 일찍 오고 같이 공부하는 인생 후배들을 위한 배려도 아끼지 않는다. 수업 중 눈빛이 반짝거린다. 공부하고 배우는 것이 세상 재미있다며 활짝 웃는다. 세상에 배움만큼 푹 빠질 수 있는 즐거움이 없다고 말한다. 학습을 꾸준히 하는 사람은 동안 외모에 사고도 유연하다. 현장에서 많은 사례를 통해 확인되었다. 배움을 즐기시는 분들의 공통점이다.

학습에 대한 개인의 노력과 국가 차원의 지원이 더해지면 평생학습을 통한 '복지 노후'가 가능하다. 노후의 평생학습 시간은 자아실현으로 이루어진다.

평생교육 프로그램의 시작은 경남대학교 사회교육원이었다. 일본에서 사용하던 '사회교육원'이라는 명칭을 사용하다 현재는 '평생교육원'으로 바뀌었다. 유아들에게 독서 지도할 때 도움이 될 것 같아서 독서지도사 과정을 수강했다. 평생교육 관점에서 보면 직업능력 향상교육과 인문 교양 교육이라 할 수 있다. 독서지도사 과정은 20명 정원으로 순식간에 마감되었다. 수강생 나이는 20대인 내가 가장 어리고 대부분 40~50대였다. 자격증을 취득해서 취업하고 싶다는 사람도 있었다.

매주 목요일 7시부터 9시까지 진행되는 15주 수업으로 매주 출석하는 사람은 15명 내외였다. 나에게 수업은 힐링의 시간이었다. 일과 육아로 힘든 일상에 학교 가는 날은 생기와 활력이 넘쳤다. 수업을 들으며 동기들과 한 주간의 일상을 나누다 보면 어느새 충전되어 있었다. 자격증으로 아이들 독서 지도와 취업할 때 도움이 되었다. 학원을 운영할 때는 논술 수업을 할 수 있었다.

평생교육의 장에서 학교에서는 배울 수 없는 인생 선배님들의 지혜를 배울 수 있었다. 선배님들 인생은 책 한 권 분량보다 더 넓고 깊은 이야기로 귀중한 인사이트를 준다. 공부보다 자격증보다 더 중요한 것은 인생을 잘 살아가는 것이다. 학습하는 이유는 행복한 삶을 살기 위해서다.

새로운 시대는 새로운 학습 방식

변화에 변화를 거듭하는 시대에 살고 있다. 인류는 네 번의 큰 변화를 겪고 있다.

첫 번째 변화, '농업혁명'이다. 농업은 유목민의 삶에서 정주 사회로의 변화다. 인간이 농사를 지으며 한곳에 정착하여 토지를 소유하면서 욕망이 생겼다.

두 번째 변화, '산업혁명'이다. 철도, 도로가 생기면서 교통의 발달은 운수업의 발달로 대량화, 대형화로 이어졌다. 자동차가 생산되고 고속 성장 시대로 접어들었다.

세 번째 변화, '정보화 사회'이다. 컴퓨터, 멀티미디어 통신 분야의 발달이 시작된다. 가정용 컴퓨터 보급으로 세계가 하나로 연결되었다.

네 번째 변화, '4차 산업 혁명'이다. 기계화 시대로 인간의 일자리를 기계들이 차지한다. 시대는 이렇듯 변화를 거듭하고 있다. 학습도 시대가 변하면 함께 변해야 한다. 배우는 것도 가르치는 것도 변해야 한다. 급기야 코로나로 변화의 가속도에 불이 붙었다. 교육이 온라인 속에서 이루어진다. 교육뿐만 아니라 모든 것이 온라인에서 이루어진다. 시대 변화에 따른 학습의 변화다. 시대의 변화에 발맞춰 학습도 변해야 한다.

변화가 크게 올 때마다 학습을 통해 위기를 극복하고 지속 성장한 사례가 있다. K는 평사원으로 입사해 29년간 근무하면서 대리, 과장, 차장, 부장, 전무를 거쳐 임원까지 역임했다. K는 사원으로 입사해 임원까지 올라간 전설적인 인물이다. 그는 직장에서 근무할 때 두 번의 큰 변화를 겪었다. 그러나 대변화가 올 때마다 학습으로 위기를 극복했다.

첫 번째 대 변화, '2018년 세계화'였다. K는 미국 본사와 매일 화상회의를 영어로 했다. 영어는 학교 다닐 때 문법 위주로 공부했다. 외국인과 대화하는 것에 불안과 공포가 있었다. 화상회의를 하기 전부터 소화도 되지 않아 위궤양까지 앓았다. 영어 울렁증 때문에 잠도 오지 않았다. 그렇게 살다가는 미쳐버릴 것 같았다.

심사숙고 끝에 36살 나이에 영어 공부를 하기 위해 유학을 떠났다. 비행기 안에서조차 이게 최선일까? 고민했다. 유학 생활 1년이 지난 어느 날 새로운 경험을 했다. 공포와 불안의 대상이었던 영어가 친숙하고 편안하게 받아들여졌다. 현지인들과 대화도 자연스럽게 하고 있었다. 문장 공부와 현지인들과 생활영어를 하다 보니 영어가 자연스럽게 몸에 스며든 것이었다.

1년 6개월이 지났다. K는 본사에서 빨리 들어오라는 전화를 받았다. 망설이지 않았다. 직감적으로 기회라는 생각으로 귀국했다. 2002년 한·일 월드컵 전 적임자가 필요했다. 2002년 한·일 월드컵을 시작으로 4개의 올림픽까지 성공적으로 마쳤다. 영어에 대한 불안과 공포를 현지 나라에서 학습하고 극복했다. 그 당시를 회상하면서 K는 이렇게 말했다.

"모두 내려놓고 떠난 것 같았지만, 학습은 나를 성장시켰다." 돌아와서 알았다.

두 번째 대 변화, '디지털 변혁과 4차 산업 혁명'이다. 기계화, 스마트공장 이런 것들은 몰라도 된다고 생각했다. 하지만 변혁의 물결은 거세게 불었다.

"뭐지? 나는 제대로 준비가 되어 있나?"라는 불안이 또 스며들었다. 갈등이 시작되었다.

"도전할 것인가? 피할 것인가? 쓸려갈 것인가? 폭풍 한가운데로 뛰어들 것인가?"

1년 동안 고민 후 결정을 내렸다. 55세 나이에 또 사표를 던지고 공대 대학원에 입학했다. 아무것도 보장되지 않는 학생의 길을 선택했다. 그때 K는 사장 수업을 받고 있었다. 사람들이 놀라서 물었다.

"공대 대학원 학생?"

"왜 사서 고생하느냐?"

"왜? 힘든 길을 가느냐?"라며 묻는 사람도 있었다. 가족들과 지인들은 인연을 끊겠다는 말로 반대를 심하게 했다.

가족들의 3~4개월간의 만류에도 불구하고 대학원에 등록하고 수업에 들어갔다. K는 자신 있게 말했다. 그때 학교에 가지 않았다면 어떻게 하고 있을까? 생각하면 아찔하다. 학교 재학 중 여러 기업체에서 사장 제안이 들어왔다. 공부가 끝나가니 자기들 회사를 책임지고 맡아 달라는 것이었다. 유명 대기업, 식품그룹, 골프 브랜드, 등산복 사장 제안을 받았다. 학교를 마치고 대기업에 가지 않았다. 자신에 대한 새로운 도전이었다.

500명의 MZ 세대가 일하는 디지털 회사로 갔다. 직원들과 부딪히며, 자기 능력을 시험해 보았다.

"꼰대 아닌, 아재가 아닌 그들과의 소통법을 익힐 수 있을까? 협력해서 일을 잘할 수 있을까?"

호기심 반 도전 정신 반으로 시작한다. MZ 세대들과 일하면서 배운 만큼 반성도 했다. 열정 가득하고 똑똑한 2030 세대들은 인정해 주고 감사해 주면 빠르게 성장할 수 있다는 것을 알게 되었다. K는 대변화가 오면 남들보다 선제적으로 공격적으로 변하는 기질이 있다. 큰 변화도 중요하지만 소소하게 일어나는 작은 변화에 대처하는 것도 중요하다. 살아가면서 작은 변화는 누구나 겪게 된다.

큰 변화가 올 때마다 "나에게 어떤 기회가 올까 나는 어떤 준비를 하고 있나?"라고 생각한다.

글로벌 스포츠 브랜드 회사라 스포츠 선수들과 만남이 많았다. 선수들을 통해서 배운 것이 있다. 데이비드 베컴은 공황장애를 앓았다. 하지만 좌절하지 않고 축구장에서 하루 2~3천 개의 축구공을 차는 연습을 했다. 리오넬 메시는 6살에 축구를 시작했으나 11살 때 성장 장애 판정을 받는다. 청천벽력 같은 소리다. 메시의 신장은 169cm로 축구선수 평균 신장 178~185cm와 비교하면 턱없이 작은 신장이다. 하지만 메시는 신체적인 조건을 극복했다. 이신바예바는 체조선수로 시작했다. 그러나 장신의 신체조건 때문에 장대높이뛰기 선수로 전환했다. 체조선수에서 장대높이뛰기 선수가 되었지만 28개의 세계기록을 남긴다. 이들의 공통점이 있다.

변화를 받아들이고 신체적 조건, 슬럼프를 다 극복했다. 메시는 말한다. "난 챔피언이 아니다 변화에 대한 도전자다. 고난과 시련은 축복이 가장되어 들어온 선물이다. 스포츠 스타는 그것을 성공으로 만들어 낸 사람들이다."

K는 지금도 평생학습을 실천하고 있는 도전자다. 경력보다 중요한 건

변화의 시대에 적응하는 능력이다. 적응하기 위해선 학습이 필요하다. 축구선수는 물을 미리 마신다. 90분 축구 시작 전에 엄청난 수분을 공급한다. 위대한 서핑 애호가는 파도가 치기 전 먼저 파도에 올라간다.

방학 때면 교수 연수로 학기보다 더 바쁘게 보낸다. 일방적인 강의식 전달은 학생들 흥미와 집중을 유도할 수 없다. 새로운 교수법으로 학생들을 맞이한다. 겨울방학에는 챗GPT 활용과 온라인에서 사용하는 다양한 교수 방법을 배웠다. 시대 변화에 따라 교수역량을 개발한다. 수업 시간 학생들 초롱초롱한 눈빛을 기대하며 컴퓨터 앞에서 학습한다.

대변화가 올 때 불안, 공포에 떨지 말고 학습을 하자. 위대한 서핑 애호가처럼 파도가 우리를 덮치기 전에 물결 위에 먼저 뛰어오르자. 변화의 물결에 도망치지 말고 학습으로 준비하자. K는 성장과 학습을 반복하고 있다. 평생 학습자로 살아가는 모습을 실천하고 있다.

기계가 일자리를 차지하는 것이 아니라,
기계를 잘 다루는 사람이 기계를 다루지 못하는 사람을 대체할 것이다.

나와의 경쟁으로 성장하는 나날

학교에서부터 경쟁은 피할 수 없는 숙명이다. 사회인이 되어서도 마찬가지다. 사회가 성장하기 위해서 경쟁은 필수다. 하지만, 지나친 경쟁은 피로 사회가 된다. 다른 사람과 나를 자꾸 비교하게 된다. 다른 사람의 능력은 커 보이고 자신은 작아 보인다. 다른 사람과의 비교로 인한 상대적 박탈감과 빈곤감을 느껴보지 않은 사람은 없다. 타인과 비교를 멈출 때 비로소 우리는 자신만의 성장 속도를 찾을 수 있다.

석사과정은 교육대학원을 선택했다. 토요일이 수업이라 학업과 일을 병행하기 좋았다. 대학원 과정은 5학기로 2년 6개월이었다. 매주 토요일 아침 아홉 시부터 저녁 여섯 시까지 주말 시간을 모두 반납해야 했다. 주중에는 직장인으로 주말에는 학습자로 돌아갔다. 대학원 생활에 적응을 잘할 수 있을까 걱정되었다.

걱정을 접고 생각을 전환했다. 대학원을 선택했다면 어떻게 하면 잘 적응할 수 있을까를 고민해야 한다. 내 인생에 도움이 되는 학습법은 뭘까? 어떻게 하면 동기들과 함께 무사히 대학원을 마칠 수 있을까? 내가 할 수 있는 것과 나의 장점에 집중하기로 했다. 배우기 위해 모르는 것을 인정하는 것은 부끄러운 일이 아니다. 모르는 것을 아는 척하는 건 부끄러운 것이다. 모르는 것은 열심히 배우면 된다. 최선을 다하는 모습을 보여주면 된다. 학습을 시작하는 자체가 대단한 용기이자 자신감이다. 나를 위로하며 용기를 내어 한 발짝 내디뎌 본다. 자신의 부족한 부분을 알고 배우고자 하는 것은 아무나 할 수 있는 일이 아니기에 당당해지기로 했다. 나를 토닥이며 한번 해보자고 파이팅을 외친다. 한 학기, 두 학기 지내다 보면 적응되고 참고 견디기만 하면 졸업 후는 더 나은 나로 성장해 있으리라. 지금보다 나은 내일의 모습을 그리며 부딪쳐 보기로 했다.

대학원은 학문을 연마함과 동시에 새로운 인간관계를 형성하는 곳이다. 적응을 잘하기 위해서는 동기들과 관계 유지가 우선이기에 친밀감을 쌓았다. 동기들에게 먼저 다가가 겸손, 배려, 성실의 모습을 보여주고 수업에는 적극적으로 참여했다. 동기들뿐 아니라 교수님께도 인정받았다. 동기들과 관계가 좋아지니 대학원 가는 날이 즐거움으로 바뀌었다. 발표나 과제도 서로 도움을 주고받으며 하니 결과물도 좋았다. 팀별 과제로 지식이 확장되어 가는 것도 재미있었다.

내가 할 수 있는 것은 앞장서서 자발적으로 했다. 교수님과 동기간의 중간 전달자 역할과 봉사도 했다. 인간관계의 황금률이 있다. 내가 받고 싶은 만큼 남에게 베풀어라. 마음을 먼저 열었다. 수업 있는 날은 커피도 사 가고 김밥도 사서 함께 나누어 먹었다. 대학원 단합을 위해 동기들 전체 마음을 모으고 함께해야 하는 행사에는 빠지지 않았다.

영어시험은 울렁증이 있어서 어떻게 공부할까? 고민했다. 동기들이 같이하자고 제안했다. 동기들과 함께하는 공부의 맛을 알게 되었다. 졸업시험도 기출문제를 만들어서 함께했다. 2년 6개월 동안 동기들과 함께한 시간은 추억의 저장소에 보관되어 있다.

내가 가진 것을 먼저 주고 다른 사람이 가진 것을 받았다. 대학원 졸업이 나 혼자였다면 불가능했을 것이다. 동기들과 함께였기에 가능했다. 함께여서 성장하는 속도가 빨랐다. 대학원 공부를 시도도 해보지 않고 포기했더라면 지금의 이 자리는 없었을 것이다. 석사과정 중 내가 할 수 있는 것들을 묵묵히 했다. 그들과 경쟁하지 않고 함께하고자 했다. 경쟁은 나 자신과 했다.

경쟁은 타인과 하는 게 아니다. 어제의 나와 오늘의 내가 하는 것이다. 타인과의 경쟁, 타인과의 비교를 멈출 때 비로소 자신에게 집중할 수 있다. 내면에 충실할 수 있다. 처음부터 큰 욕심 내지 말고 매일 작은 실천을 해야 한다. 작심삼일로 끝내지 말고 꾸준히 끈기 있게 해야 한다. 어제보다 나은 오늘의 나로 살고자 한다면 충실히 오랫동안 해야 한다. 재미와 즐거움이 동반되면 지루하지 않게 할 수 있다. 배우는 자체가 즐거움이어야 한다. 남과의 비교가 없어지면 타인의 부나 재능이 부럽지 않다. 상대방이 가진 것은 인정하고 내가 가진 것에도 감사하게 된다. 나, 너, 우리로 함께 성장하게 된다.

2023년 9월부터 글쓰기 수업을 재수강하고 있다. 개인 저서 출간이 오랜 '소망 목록'이었다. 자존감 높고 자신감도 있지만 유독 글쓰기에 대한 두려움이 있었다. 스스로 글을 못 쓴다는 프레임에 가두어 두고 있었다. 글쓰기를 해야 책이 되고 개인 저서 출간이 되는데 머릿속으로 걱정만 하고 있었다.

문장 수업을 매주 목요일 듣고 있었다. 수업을 들을 때마다 내 글쓰기 실력이 형편없다는 생각이 들었다. 책 출간이 될까? 라는 생각에 한숨이 나왔다. 글쓰기를 시작하고 매주 글쓰기 수업과 문장 수업을 들으며 글쓰기 수업이 조금이라도 내 글에 적용되길 기대하며 수업을 듣고 있다.

글을 잘 쓰는 능력을 타고난 사람은 일부다. 글쓰기를 꾸준히 하다 보면 글쓰기 실력이 향상된다. 내 장점은 목표를 세우면 끝까지 마무리하는 것이다. 글쓰기를 잘하는 인기도서 작가와 비교하면서 나 자신을 힘들게 하지 않을 것이다. 나만의 글쓰기 스텝으로 갈 것이다. 글쓰기가 잘되는 날도 있고 아닐 때도 있을 것이다. 일희일비하지 말자.

글을 쓰면서 발전한 것이 있다. 꼭지별로 A4 한 장 반에서 두 장 분량을 쓰는 시간이 처음에는 오래 걸렸다. 지금은 노트에 전하고자 하는 메시지를 메모하고 경험한 내용을 적고 나서 노트북에 옮겨 적는다. 처음보다는 시간이 많이 단축되었다. 글쓰기를 매일 하다 보면 내일의 글쓰기는 성장한다.

합리화의 유혹과 발전의 한계

인생은 '새옹지마'다. 좋은 일 생기면 나쁜 일 생기고, 나쁜 일 생기면 좋은 일 생기기 마련이다. 좋은 일이 생겼다고 좋아할 필요도, 안 좋은 일이 생겼다고 낙담할 필요도 없다는 인생 진리다. 박사 마치고 나면 달라질 인생을 기대했을까? 주위에서 보내는 갈채와 환호의 기쁨은 찰나였고 마음이 행복하지 않았다. 공허감과 상실감으로 가슴에 축구장 크기의 구멍이 생겼다. 공부하는 과정만큼의 재미가 없었다. 세상은 고요했고 내 마음이 사라진 것처럼 허전했다. 죽을힘을 다해 열심히 달려왔는데 변화 없는 인생에 힘이 빠졌다. 의욕 상실이다.

침대와 사랑을 했다. '침대 동체'의 일상을 보냈다. 침대에서 일어나기 싫었다. 텔레비전으로 뉴스만 보는데 머리 비우고 싶은 대안으로 드라마를 선택했다. 인생에 대한 고민, 사색은 그만하고 싶었다. 인생을 열심히 살아온 것에 대해 회한이 들었다. 마음이 흘러가는 대로 버려두고 싶었다. 일상을 멈춤으로 전환했다. 꼭 해야 할 일만 하고 새로운 일에 도전이나 사람 만날 생각은 엄두도 내지 않았다. 열정이나 에너지도 없는 방전 상태였다. 도전적이고 활기찬 예전의 나는 어디로 가고 없었다. 무기력하고 우울한 나날을 보내고 있었다. 인생을 열심히 살아온 결과가 이런 기분인가? 진정으로 내가 원했던 인생일까? 분명 많은 것을 이룬 건 맞는데 왜? 마음이 허할까? 시간을 허비하면서도 불안한 마음은 있었다. 잠깐 쉬어가도 된다. 최선을 다했기에 휴식도 괜찮다. 스스로 위로했다. 무료한 일상을 보내는 나 자신에게 달콤한 합리화를 하고 있었다.

어느 날 글쓰기 모임에서 진행하는 저자 특강에 참여했다. 몸살 기운은 있었지만 줌으로 하는 수업이라 참여했다. J 작가의『삶, 다시 시작하다』출간기념 저자 특강이다. 작가는 충주에서 열린 학교를 운영하는 교장 선생님이다. 열린 학교는 말하고 쓰고, 경청하는 능력을 알려 주는 곳으로 일상생활에서 요구되는 기술을 가르치는 '문해 교육'을 하는 곳이다. 컴퓨터활용능력, 무인주문기 사용법도 가르친다. 특강 시작 전 줌으로 J 작가 얼굴을 보았다. 첫인상이 우아하고 단아해 보였다.

모임 리더의 강사 소개로 특강이 시작되었다. 강의를 오랫동안 하신 분이다 보니 긴장이나 떨림 없이 시원시원하게 강의가 진행되었다. 저자 특강을 안 들었으면 후회할 뻔했다. 강의를 듣고 작가가 대단해 보였다.

작은 체구 수수한 첫인상과는 다르게 완전히 반대의 삶을 살아왔다. 저자는 '루푸스'라는 병을 앓고 있었다. 루푸스의 정확한 이름은 전신성 홍반성 루푸스이다. 가임기 여성을 포함한 젊은 나이에 발병하는 만성 자가면역질환이다. 자가면역이란 외부로부터 인체를 방어하는 면역계가 이상을 일으켜 오히려 자기 인체를 공격하는 현상을 의미한다. 피부, 관절, 신장, 폐, 신경 등 전신에서 염증 반응이 일어나게 된다. 루푸스는 만성적인 경과를 거치며 시간에 따라 증상의 악화와 완화가 반복된다.

얼마나 힘들었을까? 마음이 뭉클해졌다. 나보다 더 힘든 환경과 상황을 '덕분에'라는 마음으로 승화시켰다. 작가는 삶의 문제에 회피하지 않고 정면에서 부딪히며 살아왔다. 나는 어떠한가? 세상에서 가장 힘든 환경을 살아온 것처럼 해석했다. 환경 피해자 흉내를 냈다. 하기 싫은 일에 대해서는 현실을 회피하며 합리화했다. 하지만, J 작가는 삶에 대해 긍정의 시각, 사랑의 눈, 꿈보다는 해몽을 잘했다. 본받아야 하는 삶이다. J 작가는 건강이 안 좋은 상황인데도 달콤한 합리화를 하지 않았다. 인생에 닥친 문제를 해결했고, 자신의 환경 속에서 남을 돕는 아름다운 삶을 살고 있었다.

지인에게 연락이 왔었다. 출간을 앞두고 있는데 '출간 최종 파일 보내기 전 독자로서 진지하게 읽어 줄 수 있느냐?'라고 물었다. 독자 입장으로 정성껏 읽어 주겠다고 했다. 퇴고 원고를 다 읽고 피드백을 해주었다.

지인의 출간기념 저자 특강에 초대되어 글쓰기 과정을 알게 되었다. 평소에 책을 써 볼까? 라는 생각은 막연히 하고 있었다. 내 인생을 한 권의 책으로 쓰면 좋겠다며 꿈만 꾸고 있었다. 출간기념회를 직접 눈으로 보니 책을 쓰고 싶다는 마음이 생겼다. 글쓰기 수강 신청 등록을 했다.

글쓰기 수업에서는 가장 먼저 과제를 제출해야 한다. 작가가 어떤 주제의 글을 쓸 것인지 10줄로 요약한다. 독자는 누구로 할 것인지? 왜 글을 쓰려고 하는지? 독자에게 주고자 하는 메시지는 무엇이지? 주제와 관련해서 어떤 경험을 했는지? 등을 적는다. 과제는 A4 6장 분량으로 제출하면 된다. 글쓰기 리더가 과제를 검토한 후 가제목과 가목차를 정해서 메일로 보내준다.

제목과 목차에 따라 초고를 작성했다. 한 꼭지별로 A4 한 장 반에서 두 장 정도 분량을 써야 했다. 총 5장 40꼭지를 매일 카페에 올렸다. 40일간 집중적으로 초고를 완성했다. 초고를 완성하고 나니 글쓰기가 싫어졌다. 글쓰기도 쳐다보는 것도 싫어졌다. 노트북에 있는 초고를 3년 동안 열지 않았다.

"작가가 된다고 인생이 달라지겠어?"라며 글쓰기 중단하는 것을 합리화했다.

3년이 지났다. 그때부터 글쓰기를 꾸준히 했다면 두 권의 책 출간도 가능한 시간이었다. 책 한 권 더 쓸 수 있을 정도의 시간을 허비해 버렸다.

개인 저서 출간하고 싶다는 생각은 누구나 하지만 글을 쓰고 실제로 책을 출간하는 사람은 드물다. 글을 매일 쓰고 책을 출간하는 일이 쉬운 일이 아니기 때문이다.

3년 전 책을 쓰다가 중도 포기했을 때 '책은 아무나 쓰는 게 아니야!', '나는 글을 못 쓰는 사람이야!'라며 합리화했다. 글쓰기 노력도 하지 않고 회피와 핑계를 대면서 합리화했다. 글쓰기를 중도 포기하는 어리석은 짓을 한 것이다. 자기합리화는 성장과 발전을 저해하고 방해한다. 나는 삶의 성장과 발전에 바탕을 둔 결정을 하는가? 정체되고 도태되는 자기합리화를 위한 결정을 하는가? 성찰이 필요하다.

버려야 할 것의 우선순위

사람들은 변화를 원한다. 변화하려면 어떻게 할까? 무엇을 할까? 먼저 해야 할 것에 집중한다. 변화를 원한다면 해야 할 것보다 버려야 할 것에 우선순위를 두어야 한다. 다이어트를 예로 들어 본다. 다이어트에서는 해야 할 것보다 하지 말아야 할 것에 집중해야 한다. 기존의 생활 태도와 식습관이 다이어트에 방해된다면 과감히 버려야 한다. 다음으로 다이어트에 도움이 되는 생활 태도와 식습관을 개선해야 한다. 자동차로 가까운 거리를 이동했다면 자동차는 두고 걸어 다니는 연습을 해야 한다. 공동주택에 거주한다면 엘리베이터보다 계단을 이용해야 한다. 지하 주차장부터 계단을 오르는 습관을 들이자.

다이어트에서 식습관은 매우 중요하다. 운동 효과를 보려면 건강한 먹거리를 섭취해야 한다. 하지만 먹어야 할 음식보다 먹지 말아야 할 음식

목록이 우선이다. 건강한 몸만들기와 거리가 먼 기존의 식습관이나 입이 즐거워하는 음식은 버려야 한다. 밀가루 음식인 빵, 피자, 설탕 과다 함유 음식인 초콜릿, 사탕, 케이크, 과자, 음료수를 버리자. 고소한 냄새로 유혹하는 치킨, 튀김 종류, 전을 버리자. 편리하고 간단한 한 끼인 샌드위치, 햄버거도 버리자. 인생의 법칙은 먼저 버리고 다음에 채우는 것이다.

다이어트에 방해되는 음식을 버리고 몸이 건강해지는 음식으로 채우면 된다. 건강한 음식은 맛도 없고 입에서 맴돌아 목으로 넘어가지 않는다. 하지만, 오랫동안 꼭꼭 씹다 보면 재료 본연의 깊은 맛에 빠지게 된다. 통곡물로 지은 잡곡밥, 자연 향이 나는 산나물, 바다의 신선한 해조류, 비타민 풍부한 갖가지 채소, 과일, 단백질 공장 순살 고기, 생선, 두부, 콩 등으로 식단을 채운다.

출산 후 체중 증가로 몸이 후덕해졌다. 요리도 할 줄 모르고 요리할 시간도 없었다. 간편한 즉석 음식과 배달 음식이 편리하고 맛있었다. 음료수는 물 마시듯 마셨다. 배가 부른데 수저는 계속 들고 있었고 음식을 끝없이 먹고 있었다. 체중만큼 몸의 피로도도 늘어났다. 남편의 부재로 아이들을 혼자 양육하며 공허감과 스트레스를 음식으로 풀고 있었다.

엄마라는 책임감에 정신이 번쩍 들었다. 아이들을 위해서라도 건강한 몸을 만들어야 한다. 다이어트를 시작했다. 생활 태도와 식습관부터 점검했다. 침대에 누워 있기 좋아하고 움직임을 싫어했다. 소파에 누워 엑

스레이 찍는 일이 비일비재했다. 몸의 살점을 감추기 위해 옷은 헐렁하게 입었다. 다이어트를 하기로 마음먹은 후 기존 생활 태도를 버렸다.

집에서 가만히 있지 않고 움직이려고 노력했다. 복장은 언제라도 운동할 수 있는 차림으로 입었다. 집에서 집안일과 함께할 수 있는 운동을 선택했다. 발꿈치 들고 걷기, 설거지하는 동안 발꿈치 들었다 내리기, 다이어트 비디오 따라 하기, 계단 오르기 등이다. 몸은 수시로 전신거울로 비춰보고 관찰했다. 걸을 때는 코어에 힘을 주고 걸었다.

식습관도 과감히 버렸다. 주식이었던 배달 음식, 음료수를 버리고 해조류와 채식 위주 식단으로 내 몸을 채워 나갔다. 포만감과 피부에도 좋고 소화까지 잘되는 다시마, 미역을 많이 활용했다. 가격도 저렴하고 요리하기도 쉽고 알긴산이 많아 여성에게 좋다. 미역은 데치기만 하면 자체로 간이 충분하다. 미역 나물에 현미밥을 넣고 들기름을 한 방울을 떨어뜨려 비벼 먹는다. 소고기미역국, 다시마 쌈밥으로 식단을 채웠다.

고기는 단백질 보충용으로 살코기만 먹었다.

1년 동안 균형 잡힌 식단과 운동을 꾸준히 했더니 출산 전 몸무게로 돌아왔다. 건강도 좋아지고 땀 흘려 노력한 만큼의 결과를 얻었다. 몸만큼 정직한 것은 없다. 다이어트에 불필요한 생활 태도, 식습관을 버리니 내가 원하는 몸으로 채워졌다. 식습관과 운동은 현재까지 실천 중이다. 내몸은 소중하니까.

프랑스 출신 '도미니크로로' 작가의 책 『심플하게 산다1』은 일본뿐만 아니라 우리나라에서도 '미니멀 라이프' 시대를 열었다. 2017년 『심플하게 산다2』가 출간되면서 '미니멀 라이프'에 대한 관심이 높아졌다. 책이 출간된 배경이 있었다. 인생을 채우기로만 급급해 삶을 잃어버린 일상의 성찰 수필집이다.

일본은 20년 장기 경기침체로 소비를 극도로 자제하고 있는 나라다. 세계에서 가장 노인 인구가 많은 나라로 경제활동을 하지 못해 적은 연금으로 생활한다. 새 물건을 사기보다 오래된 물건들을 집안 곳곳에 쌓아두고 사용한다.

섬나라 일본은 지형 특성상 지진이 자주 일어난다. 어느 해 지진 강도 규모에 비해 사상자와 사망자 수가 많았다. 일본당국의 사고 조사 발표에 의하면 집에 쌓여 있는 쓸모없는 물건더미에 사람이 깔려서 사상자와 사망자 수가 많이 나왔다는 것이었다. 이후로 일본은 물론이고 우리나라도 '미니멀 라이프'가 유행처럼 번졌다. 절약은 쓸모없는 물건을 보관하는 것은 아니다. 오히려 낭비다. 집 공간만 차지할 뿐이다. 불필요한 물건들을 많이 가지고 있으면서 힘들게 살아갈 필요가 없다. 세상을 가볍게 살아가는 비결은 꼭 필요한 물건만 소유하는 것이다.

마크 저커버그는 복잡한 업무는 단순하게 바꾸었다. 의상도 단순한 스타일을 고집하며 시간을 소비시키는 옷은 과감히 버렸다. 스티브 잡스가 애플에 복귀 후 회사에서 처음 한 일은 수년 지난 쓸모없는 서류와 오래된 장비를 버리는 일이었다. 잡스는 세상을 바꾸는 일에 집중하기 위해 모든 일을 최소한으로 줄였다. 두 사람의 공통점은 필요한 것만 소유하고 버림으로써 가장 중요한 일에 집중하는 것을 선택했다. 자신에게 진짜 필요한 것이 무엇인지 아는 사람, 소중한 것을 위해 필요 없는 물건을 과감히 버릴 줄 아는 사람은 자신에게 집중할 수 있다.

우리가 가지고 있는 물건 중 사용하는 물건은 20%가 채 되지 않는다. 나머지 80%는 몇 번 쓰지도 않고 공간만 차지할 뿐이다. 사용하지 않는 80%의 물건을 버린다면 쾌적한 환경과 삶의 중요한 것을 앎으로써 행복까지 얻을 수 있다. 변화를 위해 가장 먼저 해야 하는 것은 버려야 할 것의 우선순위를 아는 것이다. 버리면 채울 수 있다.

집에서 버려야 할 것이 무엇인지 적어본다.

안 쓰는 그릇	세탁소 옷걸이	각종 사용 설명서	코팅 벗겨진 조리도구	안 쓰는 소형 전자 제품
오래된 일회용 세면도구	1년 동안 안 입은 옷	사은품 상자	안 신는 양말	유행 지난 핸드백
무릎 나온 바지	안 신는 구두, 운동화	오래된 이불	유효기간 지난 색조 메이크업	빈 화분

새해를 맞이 버리기를 해야겠다. 빈자리는 여백의 공간으로 두고.

먼저 버려야 채울 수 있다.

인생은 연결된 점이다

애플 전 CEO 스티브 잡스(Steve Jobs)는 혁신의 아이콘이자 명연설로도 유명하다. '스탠퍼드 대학교' 졸업 축사는 이미 많이 알려져 있다. 스티브 잡스의 경험은 어린 시절부터 지금까지 '하나로 연결'이 되며 애플이라는 기업을 탄생시키는 거름이 되었다. 과거의 점들이 현재의 점으로 연결되고 현재의 점들이 미래의 점으로 연결된다. 꿈을 이루기 위한 점들이 많이 쌓이고 축적될수록 그 점들은 선이 되고 면이 되어 꿈에 다다르게 된다. 일상에서 어떤 점을 찍느냐에 따라 내일의 모습은 달라진다. 스티브 잡스 졸업 축사 내용 중 일부다.

"미래를 미리 내다보며 점들을 연결할 수 없다.

과거 점들과 현재를 연결할 수 있을 뿐,

그 점들은 미래에 어떤 식으로든 연결된다."

connecting the dots.

강의 내용 중 말에 힘이 들어가는 주제가 있다. '긍정의 말'에 관한 것이다. 피겨스케이팅 전 국가대표 김연아 선수 '긍정의 말'을 사례로 인용한다. 초등학교 코치가 붙여준 별명은 '긍정 연아'다. 김연아의 성공 비결은 '긍정의 말'이라는 한 점이다. 점은 선이 되고 선은 면이 되어 김연아 인생을 만들었다. '긍정의 말' 한 점을 찍으면서 지금의 자리까지 왔다. 김연아의 한 점 '긍정의 말'을 소개한다.

첫째, '처음부터 겁먹지 말자.' 새로운 일에 도전할 때 '안 되면 어떻게 하지?' 부정적인 생각부터 한다. 시작도 하지 않고 걱정부터 한다. 우리가 흔히 하는 걱정의 90%는 일어나지 않는다. 걱정 때문에 지레 겁먹고 포기해 버리는 경우가 허다하다. 박사 마지막 차수 때 수료할까? 졸업할까? 두 가지 중 하나를 선택해야 한다. 박사 논문을 써야 한다는 것에 대해 겁도 나고 걱정이 많았다. 인생의 중요한 선택을 할 때 나만의 방법이 있다.

10년 후 미래의 내가 현재의 나한테 질문해 본다.

"박사 논문 쓸까?"

10년 후 미래의 내가 현재의 나한테 대답해 준다.

"박사 논문 쓰라."라고 했다.

10년 후 내가 박사 수료는 아쉬움이 남을 것 같으니 힘들어도 도전하자고 현재의 나에게 말했다.

지도교수와 함께 논문을 시작했고 4년 후 박사를 졸업했다. 겁먹고 시작하지 않았다면 박사라는 타이틀은 얻지 못했을 것이다.

3년 전 글쓰기에서 "글쓰기는 너무 어려워.", "글쓰기 빼고는 다 잘해."라는 부정적인 말의 한 점을 찍고 있었다. 결과는 내가 찍은 한 점대로 중도 포기하고 말았다. 2023년 7월부터 다시 글쓰기를 시작했다. '긍정의 말' 한 점을 찍으며 시작했다.

"글을 쓰는 건 즐거운 일이야, 글을 쓸 수 있는 건 감사한 일이야!, 나의 속도로 천천히 쓰자."

'긍정의 말' 한 점을 수시로 찍는다. 3년 전에는 조바심과 스트레스를 받으면서 글을 썼다면 현재는 공동의 목표를 가진 작가들과 함께 즐기면서 글을 쓰고 있다. 강의할 때 학습자들한테 '긍정의 말'을 하라고 하는데 정작 나는 그러지 못했다. 책을 쓰고 싶다는 생각은 하면서 부정적인 말을 하고 있었다. 스스로가 글쓰기를 못 한다고 한 점을 찍는데 어떻게 글쓰기가 잘 되겠는가? 지금부터라도 한 점을 정확하게 찍는 주문을 건다.

"옥 작가! 글쓰기 잘하고 있네요. 어제보다 오늘 더 잘 쓰고 있네요."
'긍정의 말' 한 점을 매일 찍고 있다.

둘째, '지금 잘하자.' 지금 당장 해야 할 일을 하고 그다음 일, 다음 일을 하자. 그렇게 눈앞에 보이는 일에만 집중하자. 최종 목표는 정해두고 하루에 해야 할 일만 하자. 큰 목표를 이루기 위해서는 작은 목표에 도달해야 한다. 매일 글쓰기를 한다. 초고라 글감으로 분량을 채우는 것이 우선이다. 초고는 버릴 각오로 그냥 쓰는 것이다. 수정은 퇴고할 때 하고 글감으로 분량부터 채우는 글쓰기를 하고 있다.

꼭지 주제에 맞는 글을 쓰기 위해 창의력, 상상력, 경험을 끄집어낸다. 40꼭지를 채우려면 한 꼭지부터 써야 하기에 목차에 따라 꼭지 주제에 맞는 글을 쓴다. 독자들이 이해하기 쉽게 자세히 쓴다. 독자들만 생각하고 글쓰기에 집중하자 어느덧 초고가 완성되었다.

셋째, '기적을 일으키는 건 신이 아닌 자신의 의지다.' 기적을 바라기만 하고, 아무 노력도 하지 않는다면 기적은 일어나지 않는다. 행동하지 않는 성과는 없다. 물은 99도까지 죽을힘을 다하여 온도를 올려도 마지막 1도가 올라가지 않으면 끓지 않는다.

공부를 오랫동안 할 때 주위의 시선이 달갑지 않았다. 석사를 졸업하자, 가족들과 지인들은 공부 그만해도 된다고 말했다. 박사는 하지 않아도 된다. 편히 여유 있게 살라며 진심 어린 조언을 했다. 가족과 주위의 충고가 나를 위한 고마운 말인 것을 안다. 건강을 돌보지 않고 1인 몇 역을 해왔기에 걱정이 지나치지 않다. 내 삶이기에 충고에 대해 진지하게 고민해 보았으나 선택은 박사 졸업이었다.

내 인생 99도에서 1도를 올렸다. 박사 졸업 후 주위 사람들 시선이 달라졌다. 99도에서 멈추지 않고 나의 의지로 막바지 1도 온도를 올렸기 때문이다. 미래를 위해 투자한 시간과 에너지는 어떤 형태로든 반드시 다시 돌아온다는 진리를 믿고 있다. 현재 나의 자리는 운이나 기적이 아니라 나의 의지로 만들어 냈다.

김연아 선수의 성공은 이미 예견되어 있었다. 긍정언어로 연결된 점들의 결과물을 얻었다. 올림픽 금메달, 세계대회 1등, 소치올림픽 은퇴까지 김연아 인생 점은 지금도 연결되고 있다.

고등학교 졸업장이 필요해서 시작한 공부였다. 지금 눈앞에 할 수 있는 것에 최선을 다했다. 다른 사람과 비교하지 않고 나만의 페이스로 걸어갔다. 목표를 설정하면 걸림돌이 생겨도 강인한 의지로 포기하지 않고 마무리했다. 고등학교, 대학교, 석사, 박사 졸업 등의 한 점들이 모여 o.k 교수가 되었다. 개인 저서 출간 목표를 위해 현재는 '퇴고 작업'이라는 한 점을 찍고 있다.

열망과 진실로 성실한 삶을 향하여

　친구는 유년 시절 부러움의 대상이었다. 우리 집은 먹을 것도, 입을 것도 풍족하지 않았다. 학교 도시락 반찬은 김치, 감자볶음 정도의 메뉴가 전부였다. 친구 도시락 반찬은 어묵, 일미 무침, 계란말이도 있었다. 점심시간이 되면 친구와 함께 맛있는 반찬도 먹었다. 도시락 반찬으로 가끔 장조림을 가지고 오기도 했다. 친구 덕분에 잘 먹었다.

　친구는 도시락 반찬뿐만 아니라 옷도 잘 입고 다녔다. 나는 언니들이 입던 옷을 그대로 물려받아 입었다. 친구는 매일 옷과 신발이 달랐다. 구두는 리본 달린 빨간색이고 원피스는 보라색 레이스 달린 옷을 입고 학교에 왔다. 만화영화에 나오는 공주처럼 예뻤다.

　친구는 공부방을 혼자 사용했다. 책상은 앉은뱅이로 책상 위는 깔끔하게 정리 정돈이 되어 있었다. 우리 집보다 친구 집에서 보내는 시간이 더 많았다. 농번기를 제외하고는 대부분 친구 집에서 생활했다. 공부도 하고 놀기도 했다. 친구와 나의 성격은 표면으로는 반대처럼 보이지만 둘 다 내성적, 소극적, 순응의 MBTI의 I였다. 학교에서도 있는 듯 없는 듯 조용히 자기 공부만 했다.

고등학교에 진학한 후 친구와 연락이 뜸해졌다. 친구는 학생이었고 나는 엄마가 돌아가신 후 자퇴를 한 상황이었다. 환경이 다르니 자연스럽게 연락이 끊어졌다. 내 인생에서 가장 힘든 시간을 보내고 있었다. 1년이 지난 늦가을 우연히 연락이 닿아 친구 자취방에 갔다. 친구는 따뜻한 밥과 시골에 계신 엄마가 보내준 반찬으로 저녁을 맛있게 차려주었다. 그날 저녁 돌아가신 엄마 이야기를 시작으로 지난 시간의 보따리를 풀었다. 자취방 붉은 전구 불 아래 10대 소녀들의 이야기는 끝날 줄 몰랐다. 미래에 대해 진지한 대화도 나누었다. 사진 한 컷처럼 기억 속에 선명하게 남아 있다.

"그동안 어떻게 지냈니? 뭐하며 지냈니?"

"그냥저냥 하릴없이 보냈어."

"엄마 돌아가셨다는 이야기는 들었어. 학교는 왜 자퇴했니? 힘들었구나! 친구들 학교 다니는 것 보면 가고 싶지 않니?"

"부러울 때도 가끔 있는데 지금은 학교 가기가 무섭고 두려워!"

"그렇구나! 학교는 다음에 가고 싶을 때 가."

친구는 최대한 내 처지를 이해하려고 노력하는 모습을 보였다. 모범생이고 착한 친구가 자퇴는 이해하기 힘들었으리라. 친구 집에는 그 이후로 오랫동안 발길 하지 않았다. 엄마에 대한 그리움과 아픈 기억의 상처를 건드리는 것이 불편했다. 설 명절과 추석 명절 때 시골에서 잠깐 보는 것이 전부였다. 고등학생이 된 이후 친구와 나는 다른 삶을 살아가고 있었다. 친구는 교복을 입은 모습도 예뻤다. 얼마나 좋을까? 그 순간 나를 바라보았다. 고등학교 자퇴하고 시간만 죽이고 있는 나는 왜 이럴까? 라는 자괴감이 들기도 했다. 시간은 허락도 없이 흘러갔다.

결혼은 내가 먼저 했다. 출산, 육아로 바쁘게 보내고 있던 어느 날, 친구 결혼 소식이 전해온다. 결혼식에 참석해서 행복하게 잘 살라고 축하 인사를 건넸다. 친구는 직장을 오랫동안 다녀서 전업주부로 아이들 육아에만 전념하고 싶다고 했다. 아기가 빨리 생겼으면 좋겠다고 하더니 1년 뒤 친구는 출산했다. 결혼도 했고 육아라는 공통분모로 예전처럼 왕래하게 되었다. 모임도 하고 아이들 데리고 교외 나들이도 갔다. 결혼 후 친구와 나는 비슷하게 살아갔다. 나는 둘째를 출산했고 친구도 얼마 지나지 않아 둘째가 태어났다. 그때부터 친구와 교류가 뜸해졌다. 나는 공부와 육아와 업무로 정신없이 바쁜 나날을 보내고 있었다. 학원을 인수하고 얼마 지나지 않아 친구가 축하 인사차 내원했다.

"시간 내서 와줘서 고마워!" 오랜만의 만남이지만 어제 본 것처럼 반가웠다.

"친구야 개원 축하해!"

"고맙다! 고생길로 접어들었지!"

"너는 잘할 거야. 좋아 보인다."

"무슨! 육아와 시어른 모시고 사는 네가 위대하지! 전업주부가 얼마나
힘든 일인데! 너도 아이들 키워놓고 하고 싶은 일 찾아봐!"

"응! 지금부터 찾고는 있는데 쉽지 않네! 경력 단절로 어려울 것 같아!"

"잘 될 거야. 평소에 네가 좋아하고 관심 있어 하는 것 중 찾아봐. 힘내자!"

친구는 이야기를 끝내고 집으로 돌아갔다. 시간은 또 흘렀다. 대학원
공부와 강의로 하루 24시간이 모자랄 정도로 바쁘게 살고 있을 때 친구
한테서 전화가 왔다. 도서관 사서로 취업했다는 반가운 소식을 전해준
다. 집에서 가까운 곳이다.

"퇴근길에 한 번 갈게."라고 말하며 전화를 끊었다. 며칠 뒤 시간을 만
들어 친구한테 갔다.

"축하해! 친구야!"

"고마워!"

"어떻게 도서관 사서로 취업했니?"

"기억나니? 예전 네 학원에 갔을 때 좋아하고, 관심 있는 것 찾아보라고 했잖아."

"그랬지!"

"집에 와서 곰곰이 생각해 보니 아이들 초등학교 1학년 때부터 도서관 봉사를 하고 있더라!"

"그랬구나."

"학부 때 전공도 도서관 학과였고 평소 책을 좋아하기도 하고, 봉사만 계속하고 있었지. 지인이 지원해 보라고 했고! 운 좋게 합격했지!"

"잘했다! 내 친구!"

"아냐, 지금은 계약직이라 어떻게 될지 몰라!"

"성실하고 정직한 너의 장점을 살리면 오랫동안 일할 수 있을 거야."

친구는 경력 단절의 벽을 넘고 취업에 성공했다. 현재는 무기 계약직으로 전환되어 정년 때까지 일할 수 있다. 친구는 결혼과 동시에 육아를 선택했다. 아이들과 함께 도서관에서 책과 아름다운 추억을 만들었다. 아이 돌봄이 필요 없을 때 친구는 취업하고자 열망했다. 도서관 봉사를 계속하고 있었고 사서에 도전했다. 아이들 독서에 도움 주는 사람이 되고자 했다. 자아실현과 동시에 꿈을 이루었다.

현재는 베테랑 사서로 일하고 있다. 순환보직이라 5년마다 학교를 옮긴다. 새로운 환경 적응은 새로운 사람과의 관계로 힘들지만, 자신의 편의를 위해 작은 불편은 그냥 넘기지 않는다. 불편을 정직하게 받아들이고 해결하며 극복했다. 친구의 최대 장점은 정직함과 성실함이다. 자신의 자리에서 오랫동안 인정받는 이유 중 하나다. 문득 친구가 보고 싶다.

사소한 일이 모여 큰 사고가 된다

겨울 초입에 들어선 11월 아침 강풍과 함께 굵은 소나기가 내린다. 어젯밤부터 내리기 시작한 비다. 빗방울 소리는 잠들기 전까지는 요란하지 않았다. 새벽에 빗방울 떨어지는 소리에 잠이 깼다. 폭우가 베란다 창틀을 강하게 노크하는 소리에 저절로 눈이 떠졌다. 새벽부터 아침까지 안전 문자가 계속 온다. "강풍과 벼락을 동반한 집중호우가 내립니다. 외출을 삼가고 풍랑이 심한 바다 근처는 가지 마세요." 일기예보로 비바람에 미리 대비하라고 알려 준다. 일기예보는 매우 유용하다. 날씨 변화를 알려 주니 대비할 수 있다. 비 예보가 있는 날이면 우산을 챙기면 된다. 강풍이 분다고 하면 외출을 삼가고 안전한 곳에 있으면 된다.

인생도 일기예보처럼 닥쳐올 변화를 미리 알려 주면 얼마나 좋을까? 인생은 예고가 없다. 인생은 연습이 없다. 인생은 생방송이다. 인생은 날씨처럼 정확하게 알려 주는 일기예보는 없지만 큰 사고가 나기 전 작은 사고들이 연잇는 전조증상이 있다.

하인리히 법칙은 큰 재해 또는 대형사고가 일어나기 전, 작은 사고와 징후들이 존재한다는 경험적인 법칙을 말한다. 1번의 큰 사고 전에 29번의 작은 사고가 발생하고 300번의 잠재적 징후들이 나타난다. 하인리히 법칙 1 : 29 : 300이다. 작은 사고가 대형사고로 이어질 수 있다는 점을 발견해 낸 것이다. 하인리히 법칙 5단계가 있다.

1단계: '사회적 환경과 유전적 요소'

2단계: '개인적인 결함'

3단계: '불안전한 행동 및 불안정한 상태'

4단계: '사고 발생'

5단계: '대형사고 또는 큰 재해'이다.

하인리히 5단계 법칙에서 가장 중요한 부분은 3단계이다. 3단계 '불안전한 행동 및 불안정한 상태'에 주목해야 한다. 3단계에서 조심하면 큰 재해나 대형사고는 미리 막을 수 있다. 영화로도 나왔던 '타이태닉호' 침몰은 빙산과 충돌로 생긴 배의 작은 구멍이다. 배의 작은 구멍으로 물이 들어와 마침내 거대한 배가 침몰하며 1,500명의 목숨을 앗아갔다. 우리나라 인재 사고도 마찬가지다. 성수대교 붕괴, 삼풍백화점 붕괴, 세월호 침몰 등은 인재 사고로 미리 예방할 수 있었던 사고였다. 지도력 부재, 안전교육 미훈련, 정비 불량, 업무 태만, 규칙·규정 위반이었다. 이 정

도쯤이야! 하는 괜찮아 의식을 버리고 적극적으로 대응했다면 이런 사고
는 없었을 것이다.

스마트폰이 전 국민의 필수품이 된 지 오래다. 스마트폰을 사용한 지
25년 넘었다. 전화를 걸고 받는 기능에서 컴퓨터가 하는 모든 일을 처리
해 준다. 편리함은 두말할 필요 없이 손안에 작은 세상을 가지고 다닌다.
세계 뉴스를 실시간으로 확인해 볼 수 있다.

다른 사람들에 비해 평균 스마트폰 사용 시간은 적다. 스마트폰을 오
래 보지 못하는 이유가 있다. 안구 건강을 위해 사용 시간을 최소화한다.
눈이 건조하고 뻑뻑해서 꼭 필요하지 않으면 사용은 자제한다. 그러던
어느 날, 운전 중 스마트폰을 사용하고 있는 나를 발견한다. 업무와 관련
된 중요한 일도 아니었다. 유튜브, 카톡, 메일 확인이 고작이다. 처음에
는 빨간불 정지신호일 때만 영상을 봤다. 점점 대담해지면서 운전 중 스
마트폰을 내려놓지 못한다. 사고가 날 뻔했던 적이 여러 번 있었다. 자동
차 경고음 덕분으로 충돌은 피했지만, 앞 차량과 0.5cm 앞에서 급브레이
크를 밟은 적도 있다. 그럴 때마다 속으로 말한다.

"조심하자.", "운전 중 스마트폰은 보지 말자.", "운전에만 집중하자."

하지만 말과 다르게 오른손은 스마트폰을 들고 있었다. 내가 봐 주지
않으면 손안의 작은 세상에서 무슨 일이 생길 것 같아 불안했다. 습관이
되어 버렸다.

도서관을 자주 이용한다. 도서를 반납하기 위해 간 주차장은 만차였다. 도서 반납만 하면 되니 잠깐 정차할 곳을 찾았다. 정차 자리를 찾았는데 앞뒤 폭이 좁았다. 몇 번을 왔다 갔다 했다. 후진만 잘하면 완벽한 정차가 된다. 그 와중에 오른손에는 스마트폰이 들려 있었다. 찰나의 순간이었다. 유튜브 영상을 보려고 눈을 돌렸다. 차량 경고음이 울리기도 전에 주차된 차와 충돌하고 말았다. 스마트폰을 급하게 내려놓았다. 놀란 마음을 진정시키려 호흡을 가다듬고 자동차 문을 열었다. 충돌된 차량은 흰색 ○○○이다. 조심스럽게 차량 앞으로 다가갔다. 운전자는 없었다. 차량 앞 범퍼를 살펴보았다. 내 차와 부딪힌 흔적이 없었다. 내 차도 아무런 흔적이 없었다. 차량에 아무 문제가 없길래 가슴을 쓸어내리며 집으로 왔다. 집으로 오면서 생각했다. 그동안 운전을 하며 조심하자고 했던 일이 현실로 일어난 것이다. "앞으로 절대 운전 중 스마트폰은 보지 말자."라며 맹세했다. 놀란 마음을 추스르고 저녁 식사 준비를 하고 있을 때였다. 현관 초인종이 울린다. 누구지? 올 사람이 없는데? 하며 스피커폰으로 물었다.

"누구세요?"

"○○ 경찰서에서 나왔습니다."

"네? 경찰서요?"

"네! ○○ 경찰서 교통과에서 나왔습니다."

"○○○라 ○○○○번 차주님 맞으시죠?"

정신이 번쩍 들었다. '낮에 도서관 사고 때문이구나! 내가 뭘 잘못했지?' 잠깐이지만 복잡한 생각은 접어두고 현관문을 열었다. 경찰관 두 명이 서 있었다. 남자는 소속 경찰서 과장이고 여자는 직원이라고 소개했다. 거실로 안내하자 극구 손사래를 친다. 현관 입구에서 조사를 시작했다. 난생처음 겪어보는 일에 가슴은 쿵쾅거리고 등에는 식은땀이 줄줄 흘러내렸다.

"무슨 일이죠?"
"오늘 낮 도서관 주차장에서 자동차 사고 있었죠?"
"네. 아무 이상이 없길래 그냥 왔습니다."
"모르셨군요. 이런 경우가 간혹 있습니다. 자동차 접촉사고 나면 피해 차량에 아무 문제가 없다 해도 연락처를 남겨두시거나 가까운 경찰서에 신고해야 합니다."
"네? 몰랐어요. 번거롭게 해드려 미안합니다."
"다행히 주자창 신고 미이행이라 범칙금은 최소 금액입니다. 앞으로는 반드시 작은 사고라도 신고하세요."
경찰관은 인적 사항을 확인하고 범칙금 스티커를 발부했다. 범칙금 종이를 건네면서 위로와 함께 충고도 잊지 않았다.

"주차된 차량이라 천만다행입니다. 도로변 주정차 사고 신고 미이행은 범칙금이 엄청 많습니다."

운전 경력 30년 만에 가장 비싼 범칙금을 냈다. 하인리히 법칙의 중요성을 일깨워 준 소중한 경험이다. 운전하면서 사고가 날 뻔했던 기억이 주마등처럼 스쳐 갔다. 사소한 일들이 모여 큰 사고가 터진다. 경험학습은 경험으로 끝내지 말고 성찰을 통해 실천해야만 변화가 이루어진다. 스마트폰을 보다가 사고를 냈다. 운전할 때 스마트폰은 멀리 두어야 한다. 운전뿐만 아니라 인생길도 안전을 살펴야 한다.

실생활에서의 지식 활용법

 공부를 오랫동안 하면서 다양한 사람을 만났다. 학업에 대한 결핍이 있는 사람, 아이들 뒷바라지 마치고 자아를 찾으러 온 사람, 경력 단절을 딛고 다시 일을 시작하기 위해 온 사람, 인생 후반전을 준비하는 사람이다. 처음에는 부푼 꿈으로 시작했으나 중도에 포기하는 사람이 대부분이다. 가족 문제, 경제적 문제, 동기부여의 부재 등 이유는 제각각이다. 가족 문제나 경제 문제는 어쩔 수 없는 포기 이유가 된다. 개인의 학습보다는 가족의 안위와 생계가 우선이기 때문이다.

 하지만, 학습을 포기하는 실제 이유는 강력한 동기부여의 부재가 많다. 학습하는 목적을 모르는 경우이다. 학습이든 일이든 목적을 모르면 오랫동안 지속할 수 없다. 학습해 나가는 과정 중에 힘듦이나, 스트레스 상황이 될 때 목적의식이 있고 없음의 차이에 따라 학습 지속 여부가 결정된다.

교육학 시간이다. 교사의 실천적 지식에 눈이 번뜩 뜨였다. 교사의 실천적 지식은 경험의 재해석이다. 실천적 지식이란? 교사가 가지고 있는 이론적 지식을 실제 상황에 맞도록 가르치는 학습 방법이다. 자신의 가치관이나 신념을 바탕으로 종합하여 재구성한 지식이다. 교사의 실천적 지식은 지식에 대하여 자각하고 재평가된다. 학습자에게 개인의 경험을 바탕으로 지식을 재구성하여 전달한다. 이론적 지식을 '자기화'로 바꾸어서 학습자가 이해하기 쉽게 전달해야 한다.

학습자이자 엄마이다. 내가 학습하는 이유는 가족들과 행복하게 살기 위해서였다. 학습한 이론을 머릿속에만 차곡차곡 넣어두는 것이 아니라 배운 지식은 내 것으로 만들어서 삶에 적용하고자 했다. 지식은 개인의 환경, 경험, 가치에 따라 다르게 해석된다. 학습 중 가슴에 와닿는 문장이 있으면 습관적으로 메모장과 일기장에 기록했다. 기록한 내용 중 가족들과 함께 나누면 좋은 것은 집에서 실천했다. 이론적 지식만큼 중요한 것은 실천적 지식이다. 그것이 지혜로운 사람의 학습법이다.

우리나라는 세계에서 대학 진학률이 가장 높다. 고학력 시대로 역사적으로 가장 똑똑한 세대들이 살아가고 있다. 변화의 시대는 미래가 불확실하므로 이론적 지식만으로 살아남기 어렵다. 다양한 변수에 대응할 수 있는 상황 대처 능력을 길러야 한다. 삶 속에서 지식이 적용되어야 한다. 현장에서 실천할 수 있고 응용할 수 있는 지식만이 내 것이다. 실천적 지식은 지금의 시대를 살아가는 데 필요하다. 머릿속에만 넣어두는 이론적 지식은 죽은 지식이다. 삶으로 불러내어 실천되는 지식, 인생의 변화를 유도하는 지식으로 전환되어야 한다. 이론적 지식은 1+1=2라는 정답이 정해져 있다. 하지만, 실천적 지식은 정답이 아니라 가족+웃음은 행복, 추억, 따뜻함이라는 다양한 해석도 가능하다.

독서 모임 이번 주 선정 도서는 이현우 작가의『책에 빠져 죽지 않기』이다. 서평 모음집으로 두께가 상당한 책이다. 750페이지 분량이자 200권 서평이 수록되어 있다. 책을 완독하지는 못했지만, 짧은 시간에 많이 읽었다는 만족감을 주는 책이다. 독서 모임 순서는 다음과 같다.

1. 독서 노트 작성: 책 제목과 작가의 이름을 적는다.
2. 홈쇼핑 판매자가 되어 책을 홍보한다.
3. 책 내용 중 가슴에 와닿는 3가지 문장을 적는다.
4. 자신의 소감을 적는다.
5. 한 줄 어록으로 마무리한다.

다음 순서는 소모임 토론이다. 마지막으로 블로그에 서평을 작성하고 발행으로 마무리한다. 이번 주 도서는 책 읽을 시간이 부족한 사람들에게 적합하다. 한 권의 서평집으로 책을 여러 권 읽은 만족감을 준다. 분야별로 7가지 색깔의 바다에 빠질 수 있는 매력적인 책이다. 작가의 내공과 엄청난 독서력을 확인하는 것도 재미있다. 독서 노트에 작성한 세 가지 문장을 재구성해 본다.

첫째, '사회의 바다'이다. 행복을 삶의 목표로 삼지 않는다면 사람들은 살아갈 방법을 더 잘 찾을 수 있을지 모른다. 행복은 주관적이라 사람마다 다르다. 행복을 추구하려고 애쓸 필요는 없다. '쓸모없음의 쓸모'라는 단어가 행복에 대한 정의를 다시 내리게 해주었다. 행복은 거창하고 멀리 있는 것이 아니다. 평범한 일상에서 누리는 작고 소소한 것들이 행복이다.

둘째, '문화의 바다'이다. 책을 많이 읽었다는 것은 중요하지 않다. 이론적 지식을 많이 알고 있는 것만큼 필요할 때 사용할 수 있는 실천적 지식이 중요하다. 책 속의 한 줄 문장을 '자기화'하는 것이다. 글감이 없어서 머리로 생각하느라 2주 동안 펜을 놓고 있었다. 독서 모임 작가들이 응원의 말을 해주었다. 글쓰기 책에 나와 있는 문장이라며 "초보 작가의 글쓰기는 머리로 하는 것이 아니라 엉덩이와 손으로 하는 것이다"라며 말했다. 엉덩이와 손으로 무조건 쓰라는 격려를 받았다. 글쓰기를 다시 시작했다.

셋째, '행복한 가정은 모두 비슷하다.' 불행한 가정은 제각각의 이유로 불행하다. 행복한 가정은 가족들의 장점만 보고 서로 배려해 준다. 가족의 부족한 부분은 채워준다. 불행한 가족은 가족들 단점만 본다. 이기적이고 자기주장만 내세운다. 행복한 가족은 단 하나의 장점으로 행복을 만든다. 불행한 가족은 이기적인 생각으로 가장 소중한 것을 보지 못한다. 불행을 가족들 탓으로 돌리는 핑계를 대고 있다.

인생 선배님이자 오래된 인연이 있다. 배움을 몸소 실천하며 살아가는 분이다. 퇴직 후에도 평생학습을 실천하고 있다.

"선배님! 공부하기 힘들지 않으세요?"

"힘들 때 많지요. 스트레스도 받고!"

"그런데 공부를 지속하는 비결이 뭘까요?"

"공부하는 것은 모르는 것을 알아가는 것이기 때문에 힘이 듭니다. 그래도 학습을 계속하는 이유는 내가 모르는 것이 정말 많구나! 하면서 겸손을 배우기 위함입니다."

선배님 말에 정신이 번쩍 들었다. 직급 상관없이 나이가 들면 경청이 힘들다. 자기주장이 강하고 세상 모든 걸 다 아는 것처럼 말한다. 겸손이라는 아름다운 단어는 찾아볼 수 없었다. 자신이 부족한 것을 인정하지 않는다. 살아온 세월만큼 선입견, 편견이 많다. 공부는 겸손을 배우기 위해 한다는 인생 선배님으로부터 한 수 배운다.

제4장

함께하는 평생학습:
꿈을 향한 도약

상상을 현실로 이끄는 행동의 길

2007년에 출간된 론다 번(Rhonda Byrne) 작가의 책『시크릿』은 성공 비밀을 사람들과 공유하겠다며 미국 유명 저술가, 과학자, 철학자들과 공동 작업으로 제작되었다. 이 작업은 전 세계적인 현상인 '시크릿신드롬'으로 이어졌다.

학원을 인수해서 온몸으로 경영을 배우고 있을 때『시크릿』이 내 손에 들어왔다. 내 손에 어떻게 들어왔는지 정확한 기억은 없다. 만남부터 비밀스럽게 시작된『시크릿』은 내 호기심을 자극하기에 충분했다. 제목부터 끌렸고, 표지도 행성 속으로 빨려 들어가 헤어 나오지 못할 것 같이 신비로웠다. 책이 두껍지 않고 글도 적어서 단숨에 읽혔다. 책 속으로 헤엄치듯 깊이 들어갔다. 가독성은 좋았으나 이해하기는 어려운 내용이 많았다. 이해가 안 되고 어려운 문장은 읽고 또 읽었다. 마음에 들어오는 문장은 형광펜으로 줄을 그으며 읽었다.

학원은 초등학교 정문 근처 상가 2층에 있었다. 학생 30명 내외의 작은 학원이다. 학원 인수 당시 교실 3개로 유치부 오전반 수업, 초등부 종합반 수업을 했다. 학원경영은 처음이라 걱정이 많았다. 학원생 유지는 어떻게 할 것이며, 학원생 유치는 어떻게 할지에 대한 고민의 밤을 보냈다. 학원장으로 선생님 3명 관리도 잘해야 했다. 학생들에게 질 높은 교육을 제공하기 위해서는 선생님 직무 만족도가 높아야 한다.

학원 시설은 낙후되어 교실과 교실 간 중간벽은 낙서로 얼룩져 지저분했다. 책상과 의자도 사용 흔적으로 의자는 삐걱거리고, 책상은 무게중심이 맞지 않아 흔들거렸다. 화장실 문도 여닫을 때마다 삐거덕 소리에 눈살을 찌푸렸다. 교실 복도와 싱크대 중간에 간이 칸막이도 설치해야 한다. 교실 복도와 싱크대가 오픈되어 있으니 미관상 보기 좋지 않았다. 책상, 의자 교체와 화장실 문, 교실 복도와 싱크대 중간 간이 칸막이 등 내부 리모델링을 해야 했다. 학원 환경정비와 시스템 보완으로 온 신경 세포와 뇌 회로는 24시간 가동되고 있었다.

내 인생을 바꾼 첫 번째 책은 〈좋은 생각〉이었다. 일상에서 볼 수 있는 평범한 사람들의 이야기가 마음에 들어왔고 한 줄 문장과 한 줄 명언을 삶 속에 옮겼다. 한 줄 명언으로 학습했고 동기부여를 받았다. 두 번째 책『시크릿』은 생생하고 구체적으로 이미지를 그리는 상상의 힘을 알게 해준 책이다. 열심히 사는데 미래는 항상 불안했다. 불확실한 시대에 지금 하는 일이 맞는지? 순간순간 의심의 씨앗이 올라왔다. 그럴 때마다 손 닿는 가까운 곳에 두고 읽었다. 책『시크릿』의 내용에 따라 학원경영에 적용해 보았다.

첫 번째, 『시크릿』 끌어당김의 법칙은 '부에 관한 생각'이다. 부에 대해 줄곧 생각했기 때문에 부를 끌어당겼다. 지출 생각보다 수입 생각을 더 강렬하게 해야 한다. 학원 인수 후 몇 개월 동안 원장인 내 월급은 나오지 않았다. 선생님 급여, 임대료, 차량 유지비, 기타 운영비를 제외하면 마이너스였다. 머릿속에는 온통 지출 생각으로 가득 차 있다. 책『시크릿』 내용처럼 생각을 바꾸기로 했다.

지출 생각이 아니라 수입 생각으로 바꾸었다. 수입을 늘리기 위해서는 무엇을 해야 할지에 집중했다. 학원생을 늘려야 한다. 학원은 성적을 올려주는 곳이다. 학년별 전교 1등이 나오게끔 성적관리에 박차를 가했다. 중간고사에서 운 좋게 전교 1등이 두 명 나왔다. 현수막을 학원 입구에 걸었다. 학생들이 학원에 오고 싶게 다양한 이벤트를 진행했다.

가정의 달 특집행사로 '긍정언어'에 대한 양파실험을 진행했다. 학원 출입구에 같은 크기의 투명한 유리컵 두 개에 같은 양의 물을 채운다. 컵 위에 원산지와 크기가 같은 양파를 올린다. 왼쪽 컵에는 '욕하는 양파'라고 적는다. 오른쪽 컵에는 '칭찬하는 양파'라고 적는다. 학생들이 학원 등원할 때 컵에 적힌 글자대로 말하게 했다. '욕설하는 양파'라고 적힌 양파에는 욕설한다. 칭찬하는 양파라고 적힌 양파에는 칭찬한다. 5월 한 달간 양파실험을 진행했다. 학생에게 주고자 하는 메시지는 '긍정언어'를 사용했을 때 양파의 성장을 관찰하기 위함이다. 욕설을 들은 양파와 칭찬을 들은 양파를 비교해서 학원 내에서 바른 말 고운 말 사용을 권장하기 위해서였다. '긍정의 말' 중요성을 알게 해주기 위한 실험이었다.

학생들은 "원장님 양파가 욕설하는지 칭찬하는지 어떻게 알아요?"라는 반응과 유치하다는 학생도 있었다. 원장과 선생님이 먼저 솔선수범을 보였다.

욕설하는 양파에는 "못생겼네!, 재수 없어!, 너 왕따야!, 미워!, 싫어!"라고 말했다.

칭찬하는 양파에는 "이쁘다!, 멋지다!, 잘하네!, 같이 놀자!, 사랑해!"라며 쓰다듬어 주기까지 했다. 사람에게 말하는 것과 똑같이 했다. 학생들 모두 재미있게 참여했다. 양파에게 욕설하기 위해 학원에 일찍 오는 학생들도 있었다. 학생들이 양파의 변화를 이야기했다.

"원장님 욕설한 양파는 키가 작아요."

"칭찬한 양파는 많이 자랐어요."

"칭찬한 양파는 잎도 무성해요."

한 달이 지나고 양파실험은 끝이 났다. 백번 말로 가르치는 것보다 양파실험으로 학생들의 말이 달라졌다. 실험 후로 학생들이 학원에서 비속어나 욕설은 하지 않았다. 학생들의 구전을 통해 학부모 상담이 늘어났고 등록으로 이어졌다. 학원생이 늘자 자연히 수입이 늘어났다. 지출보다 수입을 늘릴 방법에 대해서 생각한 결과다.

두 번째, 『시크릿』 끌어당김의 법칙은 '간절히 원하면 이루어진다.'라는 것이다. 학원의 성장을 위해서는 긍정적인 생각과 간절한 믿음이 있어야 한다. 학원생을 늘리기 위해 가장 먼저 한 일은 생생하게 상상하고 간절히 원하라는 것이었다. 학원 차량 코스도 이미지로 생생하게 그렸다. 학생들이 승차하는 곳마다 원하는 학생 수를 적었다. 학부모들과 인사하는 모습, 학원생 승하차도 머릿속에 구체적으로 그렸다. 상상만으로는 이루어지지 않는다. 반드시 실천이 함께 수반되어야 한다. 발로 뛰었다.

학원 리모델링으로 학습환경을 쾌적하게 제공했다. 선택과 집중으로 오전반 유치부 수업을 과감히 정리했다. 유치부 수업은 아침 일찍 출근하고 점심도 준비해야 하는 번거로움이 있었다. 아침 8시에 출근해서 저녁 9시가 되어서 퇴근하면 몸에 피로감이 누적되어 업무의 집중도가 떨어졌다. 업무 최상의 몰입도를 위해 초등부, 중등부 학생들에게만 집중하기로 했다. 중학생 수업은 7시 30분에 마치는 것으로 시간을 조정했다. 선생님들의 퇴근 시간도 빨라지니 수업의 질이 올라갔다. 교과목은 국어, 영어, 수학 과목별 담당 선생님이 수업하고, 원장은 운영, 상담, 차량 운행을 담당했다. 학생들을 경시대회에 빠짐없이 참가 시켰다. 경시대회에서 입상했다. 학생들의 수상실적은 자연스럽게 홍보가 되었다.

『시크릿』은 꿈을 이루는 방법을 설명하고 있다. 의심하지 않고 원하는 것을 생생하게 상상하고 실천했다. 학원이 현재 상황보다 성장하고 발전하는 데 집중했다. 학원 운영에 필요한 돈은 지출보다 수입이 들어오도록 다방면으로 노력했다. 수입이 많아지는 방법과 여유로움을 이미 가진 사람처럼 행동하며 감사했다. 생생하게 그리는 대로 이루어졌다! 말하는 대로 이루어졌다. 인생은 재밌다! 인생은 멋진 곳이다! 인생에서 내가 바라는 것은 누릴 자격이 있다! 인생을 바꾸는 것은 책 속 한 줄 문장이다.

『시크릿』은 긍정적인 마음가짐과 간절한 소망이 중요하다는 것을 강조하고 있다. 이를 통해 원하는 바를 구체적으로 상상하고 실천하면 그대로 이루어질 수 있다는 것을 보여준다. 이 책은 긍정적인 마음가짐과 열정을 가지고 꿈을 이루는 방법을 제시하고 있다.

인생을 바꾸는 세망신경계(RAS)의 힘

인간과 동물의 차이는 크게 두 가지로 나뉜다. 첫째, 사고한다. 둘째, 말로 의사소통을 한다. 인간이 살아가는데 말은 의사를 표현하는 중요한 수단이다. 말은 그 사람이다. 말을 어떻게 사용하는지에 따라 그 사람의 환경, 품격, 성숙 수준을 알 수 있다.

김연아는 '밴쿠버' 올림픽에서 대한민국 피겨스케이팅 역사상 첫 금메달을 땄다. 금메달을 목에 걸고 금의환향했다. 전문가들은 밴쿠버 올림픽을 마지막으로 김연아는 은퇴해야 한다. 건강상의 문제로 어쩔 수 없다고 한결같이 입을 모아 이야기했다.

"연아야 수고했다. 우리나라를 빛낸 피겨 요정! 건강관리 하고 학업 마무리해서 지도자의 길을 가렴!"

김연아를 진심으로 위해주는 말이다. 스포츠 선수에게 몸은 재산이다.

김연아는 고민 끝에 세계대회에 출전하기로 했다. 일본 스포츠 방송에서 김연아 선수의 일상을 관찰하기 위해 24시간 밀착 취재를 했다. 프로그램 담당 PD는 취재를 마치고 다음과 같이 말했다.

"김연아 선수가 세계 1등 피겨스케이팅 자리를 지키는 이유는 일반인들과는 다른 하나의 차이가 있다. 사소하지만 위대한 차이! 그것은 바로 말이다."

김연아는 연습과 함께 말의 힘을 믿었다. 건강이 좋지 않아도 세계대회 출전까지 하루 12시간 변함없이 연습했다. 김연아가 연습하는 동안 하루에 수천 번, 수만 번 되뇐 말이 있다.

"나는 반드시 세계대회에서 금메달을 딴다.", "나는 기필코 세계대회에서 금메달을 딴다.", "나는 꼭 세계대회에서 금메달을 딴다." 등이다.

김연아는 세계대회에서 금메달을 땄다. 전문가들의 예상을 뒤엎고 당당하게 1등을 했다. 연습과 함께 말의 힘을 이용했다. 김연아는 소치올림픽을 마지막으로 은퇴했다.

2016년 리우 올림픽 남자 펜싱 '에페' 결승전 경기다. 박상영 선수가 마지막 힘을 쏟아내고 있다. 2라운드가 끝났을 때 13:9의 상황이다. 박상영 선수가 진 경기나 다름없었다. 국민 모두 절망하고 숨죽이며 방송 과정을 보고 있었다. 과연 이게 될까? 의심했다.

타임 시간에 관중석에서 누군가가 "할 수 있다." "할 수 있다."라는 말을 외쳤다. 그 순간 카메라가 박상영 선수 얼굴을 비친다.

카메라에 담긴 박상영 선수의 모습은 "나는 할 수 있다.", "나는 할 수 있다.", "나는 할 수 있다."를 되뇐다.

마지막 3라운드 경기가 시작되고 기적 같은 일이 벌어진다. 박상영 선수가 연속 6득점을 함으로써 역전의 드라마를 만들어 냈다. 기적을 만들어 내는 말은 우리가 알고 있는 이상의 힘이 있다.

어버이날 큰아이가 문자를 보냈다. 집으로 선물이 배송될 것이라며 받으라고 했다. 그날은 외부 강의를 마치고 일찍 집으로 들어왔다. 현관문 앞에 있는 택배 상자를 들고 들어오면서 무슨 선물일까? 궁금해하며 상자를 열었다. 선물을 확인한 순간 감동의 꽃비가 내렸다. 어버이날 선물로 건강에 좋은 자석 팔찌와 함께 감사장이 들어 있었다. 팔찌도 좋았지만, 감사장의 문구가 마음에 들었다.

"감사장. 베스트 엄마 옥제영, 우리 엄마 옥제영 님은 자식들을 사랑하는 마음이 어느 어머니보다 넓고 깊으며 하고 싶은 것, 먹고 싶은 것 다 참으시며 자식들에게 주셨으므로 이 감사장을 드립니다. 지금까지 저희를 키우시느라 고생하시어 눈주름과 거칠어진 손을 가지게 되셨으니 베스트 엄마에 가장 적절한 분이므로 이 감사장으로 감사의 마음을 표현합니다. 사랑합니다. 어머니. 당신은 최고의 어머니입니다. 2012년 5월 8일 보물들 올림."

보물들 올림에서 눈물이 왈칵 쏟아졌다. 엄마의 외로움을 채워준 아이들이라 태어나는 순간부터 보물이라고 불렀다. 보물들이 어릴 때는 아파서 마음이 쓰였고, 학년이 올라갈수록 엄마로서 성적에 대한 욕심이 생기는 것은 어쩔 수 없었다. 공부를 잘해서 기쁨을 주는 것만큼 자신의 자리에서 보물로서 최선을 다해주는 아이들이 기특하고 자랑스럽다. 보물! 보물! 불러준 말이 나에게 보물만큼의 기쁨이 되었다. 앞으로도 자신을 보물로 생각하면서 사회에 선한 영향을 끼치는 사람으로 살아가기를 기대한다. 보물들 사랑하고 고맙다. 엄마 딸로 태어나줘서.

인간의 뇌에는 'RAS'라는 세망신경계가 있다. 주의력과 집중력을 관장하는 신경전달물질인 도파민과 노르에피네프린을 분비하여 뇌가 학습, 자기통제, 동기부여를 하게 된다. 세망신경계에서는 상상과 실제를 구분하지 못하는 뇌를 이용하라고 말한다. 신 맛 나는 과일을 상상한 것만으로도 침이 나오는 것을 통해 우리의 뇌는 상상과 현실을 구분하지 못한다.

상상으로 뇌게 성공했다고 하면 뇌는 성공했다고 믿고, 성공한 사람처럼 반응한다. 그때 뇌는 성공한 사람들의 특징들에 대해서 더 많이 반응하며 집중하게 되고 실패에 관한 정보는 거의 받지 않는다. 우리의 뇌는 생각보다 단순하며 정직하다. 이러한 뇌에 좋은 생각들을 심어주면, 좋은 결과들을 맺게 될 것이다.

뇌 신경계는 80%가 말의 영향을 받는다. 말로 "할 수 있다."라고 하면

해낼 방법을 찾아주고, "할 수 없다."라고 하면 뇌는 하지 못할 핑계를 만들어 준다. 행복하다고 생각하면 행복한 일이 생긴다. 웃으면 웃을 일이 생긴다. 김연아는 '할 수 있다.', '해낸다.', '반드시', '기필코', '꼭'이라는 말로 건강이 좋지 않음에도 세계대회 1등을 했다. 박상영 선수는 관중석 응원의 말에 따라 '나는 할 수 있다. 나는 할 수 있다.'를 되뇌며 금메달을 목에 걸었다. 아이들에게 보물이라고 불러주었더니 자신들이 보물로서 엄마에게 큰 기쁨을 주려고 노력했다. 조실부모로 세상에 혼자가 되었다. 세상에 내 편도 없고 아무것도 할 수 없다고 말했다.

"나는 운이 없는 사람이다.", "세상은 나에게 아무것도 해준 게 없다.", "나는 운이 없었고, 세상은 나에게 고통만 주었다."

그래서 말을 바꾸었다.

"나는 잘될 거야!", "나는 운이 좋아!", "덕분입니다.", "좋은 사람들이 주위에 많아!"

나는 운이 좋았고 주변의 도움으로 박사를 졸업했다. 원장님, 박사님, 교수님이라 불렀더니 말대로 이루어졌다. 목표를 세우고 실행할 때 원하는 결과물 이름을 먼저 부른다.

지금은 "옥 작가! 평생학습의 경험을 독자들에게 나누어 행복한 습관을 만들 수 있도록 도와주는 사람이 되자."라고 말한다.

진짜와 가짜를 구별 못하는 뇌를 활용하자.
달성하고 싶은 목표를 말하면
긍정적인 마음가짐과 자기암시가 실제 삶에 영향을 미친다.

퇴직 준비는 새로운 삶을 위한 시작

명절 연휴 마지막 날은 비가 내렸다. 체감온도도 뚝 떨어지고 생각이 많아졌다. 나는 언제까지 일할 수 있을까? 내가 원할 때까지 일할 수 있을까? 퇴직은 언제가 좋을까? 퇴직 후 일을 계속하든, 일상을 여유 있게 보내든 그 시간은 다가온다. 곧 다가올 문제이기에 고민해 봐야 한다.

2017년부터 2023년까지 공무원 베이비붐(1955~1974)세대의 정년퇴직이 시작되었다. 2023년 올해까지 5만 1천 400명으로 매년 8,750명이 퇴직한다. 2023년에 퇴직을 하는 1963년생은 베이비붐 세대 중 출생률이 가장 높은 세대다. 우리나라 경제성장과 함께한 주역들이다. 퇴직자 중 공무원들은 확률적으로 연금으로 안정적인 생활이 가능하다. 공무원을 제외한 일반인들은 국민연금만으로는 노후 생활이 힘들다. 공무원을 제외한 일반인들은 대부분 퇴직 후 삶이 준비되어 있지 않다. 결혼하고 아이들 교육비, 주택 마련으로 퇴직 준비할 여유가 없었다. 어느새 퇴직이 눈앞이다. 노후 준비 안 된 채 퇴직을 맞는다.

일본 퇴직전문가 '오가와 유리'가 퇴직 후 인기 있는 남편에 대한 설문을 조사했다. 결과는 다음과 같다. 2위 '요리 잘하는 남편', 3위 '집안일 잘 도와주는 남편', 4위 '건강한 남편'이다. 압도적 1위는 '낮에 집에 없는 남편'이었다. 남편은 평생 가족을 위해 일했는데 집에 없으면 좋겠다는 설문의 답이 아이러니하다. 설문 조사 결과를 지인들에게 이야기했더니 박장대소한다.

고개를 끄덕이며 박수와 함께 "맞다", "맞다"를 반복한다. 유머로 넘기기에는 퇴직 후 부부의 현실이 슬프다. 일본과 우리나라는 남편이 현역인 동안 남편 세계와 아내 세계가 분리되어 있다. 결혼생활 30~40년 동안 다른 세계에 있다가 퇴직 후 갑자기 함께 있으니, 적응의 시간이 필요하다. 적응해 가는 시간 동안 숱한 갈등이 생기면서 서로를 인정하지 못하고 인내하지 못해 황혼 이혼을 한다.

설문 결과는 남편들이 퇴직 후 아침 일곱 시부터 저녁 다섯 시까지 소일거리를 갖도록 미리 준비하라는 메시지다. 아내들은 자신의 일터를 잃은 남편의 노고를 인정해 주어야 한다. 가정으로 돌아온 남편을 따뜻하게 맞아주고 이전보다 더 배려해 주는 모습을 보여주어야 한다.

퇴직 후에 삶을 살아가는 사례를 소개한다. A는 지점장 출신이다. 대학 졸업 후 은행에 입사했다. 자신의 장점인 근면 성실과 탁월한 영업력으로 초고속 승진을 거쳐 최연소 지점장에 올랐다. 지점장으로 있는 동안 전국 대출 1위 유치, 전국 예금 1위 달성으로 실적도 높았다. 업무능력과 경제성장 덕분으로 운의 상승장을 맞았다. 연봉이 상승하면서 그 지역에 있는 아파트도 몇 채 샀다. 하지만 일찍 지점장에 오른 만큼 퇴직도 남들보다 빨랐다. 조기 퇴직으로 목돈을 손에 쥐었다. A 지점장은 퇴직금과 위로금에 아파트 임대료도 들어와서 퇴직 후 풍요로운 생활을 즐기며 아무 걱정 없이 살 줄 알았다.

퇴직해 보니 일상은 180도 달라졌다. 대인관계가 하루아침에 달라졌다. 재직 당시 전화가 귀찮을 정도로 많이 왔었다. 자영업자들이 대출받기 위해서 전화를 자주 했었다. 퇴직 후 전화가 울리지 않았다. 전화가 고장 났나 하고 확인도 해 봤다. 재직 당시 친분이 있었던 중소기업 사장한테 전화를 해보았다. 목소리에서 왜? 무슨 일로 전화했냐? 불편한 기색이 역력하다. 비즈니스 관계는 끝났다.

퇴직과 함께 예전의 지점장 직함은 사라졌다. 코로나까지 겹쳐 대인관계는 단절되었다. 바깥 외출도 하지 않고 집에서만 은둔형으로 지냈다. 친구들 모임에도 나가지 않았다. 변해버린 현실을 받아들이지 못하고 힘들어했다. 철저하게 외톨이를 선택했다. 퇴직 후 변한 자신의 위치와 모습을 인정하지 않았다. 퇴직 후 세상을 원망하며 직장 후배 태도가 돌변해 버렸다며 선배도 모르는 천하에 예의 없는 사람이라고 비난을 쏟아냈다. 급기야 우울증과 대인기피증으로 외부와 단절된 3년을 보냈다. 현재는 마음도 추스르고 신경과 상담을 통해 자신의 위치를 받아들이며 현실에 적응해 가고 있다. 친구들 모임에도 나오고 사람을 많이 만나려고 노력 중이다.

B는 학교장 출신이다. 대학 졸업 후 임용되어 퇴직 때까지 학교에서 근무했다. 학교장으로 승진하기까지 청춘을 바쳤다. 40년을 학교 일에 파묻혀 살았다. 가정과 아이 돌볼 시간이 없었다. 아내와 아이들과 다정하게 대화 나눌 마음의 여유도 없었다. 가장으로서 가족들이 경제적으로 걱정 없이 살게 해주는 게 1순위였다. 자녀들에게 넘치진 않지만 부족함 없이 지원해 주려고 최선을 다했다. 아이들 취업하고 독립시키고 나면 아빠로서 역할은 다했다고 생각했다. 가족들에게 함께하지 못한 시간은 퇴직 후 보상해 주리라 다짐했다. 아내랑 손잡고 여행 다니고 아이들과 맛있는 음식 먹으러 가고 해외여행도 가는 꿈을 꾸었다.

꿈에 부풀어 드디어 퇴직 날이다. 마지막 출근을 하고 집으로 돌아온 날 아내는 이혼서류를 들고 기다리고 있었다. 충격에 할 말을 잃었다. 너무 억울했다.

"40년을 가정을 위해 일한 결과가 이런 건가?", "나에게 왜 이런 일이 생기지?" 상실감으로 이혼 청구를 받아들이지 못했다. 오랜 고민 끝에 마음 떠난 아내를 보내주기로 했다.

황혼 이혼이 증가하고 있다. 이혼 증가율이 퇴직 후에 급증한다는 통계는 놀라운 일이다. 아내들이 황혼 이혼을 결심한 이유는 다음과 같다.

1. '결혼 기간 내내 내 말에 공감해 준 적이 없다.'
2. '일에 미쳐 사는 남편 때문에 외로웠다.'
3. '남편과 눈을 마주 보며 대화를 한 적이 없다.'
4. '주말 아침에 산책이나 커피를 마신 적 없다.'

결혼생활 중 어느 부부가 이혼을 생각해 본 적 없겠는가? 사소한 말다툼 정도로 생각했다. 관심을 가져달라는 푸념으로 생각했다. 아내 마음에 콘크리트 벽이 세워진 줄 몰랐다. 3년 동안 술 마시고 방황도 했다. 가족을 위해 몸 바쳐 일한 결과가 이혼인 것에 괴로워했다. B는 상담과 약물치료를 병행하며 시간이라는 약과 사랑으로 극복했다. 새 혼을 통해 제2의 인생을 살아가고 있는 선생님의 앞날에 평화와 행복이 함께하기를.

퇴직 후 파산하는 5가지 위험 요소는 다음과 같다.

첫째, '은퇴 창업'이다. 퇴직금으로 은퇴 창업을 하면 안 된다. 직장생활 하다가 잘 모르는 일에 뛰어들었다가는 백발백중 망하는 지름길이다.

둘째, '금융사기'다. 이자 많이 준다고 투자해달라는 금융사기를 조심해야 한다. 세상에 공짜 없다.

셋째, '중대 질병'이다. 젊을 때부터 올바른 식습관과 꾸준한 운동으로 중대 질병을 막아야 한다. 건강은 미리 챙기며 관리해야 한다.

넷째, '자녀'다. 자식에게 다 주면 안 된다. 자식에게 투자하는 것은 기간을 명확히 정해야 한다. 자식이 부모 부양하는 시대는 지났다. 노후는 스스로 책임져야 한다.

다섯째, '황혼 이혼'이다. 황혼 이혼을 하게 되면 재산을 절반으로 나누어 파산하게 된다. 퇴직 전부터 부부간의 화합을 위해 노력해야 한다. 남편은 아내의 마음을 살피고, 아내는 남편의 사기를 북돋아 주어 서로가 협조해서 잘 살아야 한다. 인생 선배님들의 사례를 교훈으로 퇴직을 미리 준비해야 한다.

퇴직 후 새로운 관계는 배려하는 만남이어야 한다. 배려가 만남 횟수보다 더 중요하다. 무엇을 얻기 위해 만나는 것이 아니라 무엇을 나누어 줄 것인가 하는 생각으로 만나야 한다. 서로 배려하고 나눈다는 마음으로 만나야 한다.

퇴직 후 삶을 준비하기 위해 새로운 지식과 정보 습득을 위한 학습은 필수다. 평생학습의 다양한 프로그램으로 퇴직 준비를 할 수 있다. 대학 평생교육원, 지자체와 시군구 단위 평생학습센터, 행정복지센터 등에서 프로그램을 수강할 수 있다. 퇴직 준비를 위해 배우고자 하는 관심과 마음의 시간만 내면 된다.

나무보다 숲을 보며 꿈을 이루다

가족여행을 비행기 타고 처음으로 간 곳은 제주였다. 남편의 직장 동료 세 가족이 함께 떠났다. 가족들과 아름다운 추억을 남기기 위해 세 가족 모두 고민에 고민을 거듭하며 계획을 세웠다. 여행코스는 아이들 위주로 공항에서 가까운 쪽부터 시작했다. 용두암, 이호테우해변, 동문재래시장, 비자림, 함덕해수욕장, 천제연폭포, 오설록, 성산 일출봉, 김녕미로공원을 갔다. 제주는 갈 때마다 새롭다. 제주의 에메랄드 바다와 풍광에 가슴이 탁 트인다. 우리나라에 제주도가 있음에 감사할 따름이다.

여행코스 중 아이들이 가장 좋아했던 곳은 김녕미로공원이었다. 제주 구좌읍에 있는 것으로 제주를 사랑한 미국인 더스틴 교수님이 개발했다. 우리나라 최초의 미로공원으로 수익금은 제주도로 환원한다. 김녕미로공원은 남녀노소 누구나 즐기며 30년 넘게 사랑받는 제주를 대표하는 공원이다. 공원을 처음 조성할 때부터 주변의 자연을 원래 상태 그대로 유지하는 것을 원칙으로 삼았다. 숲과 마을을 오가며 살아온 고양이는 그대로 두었다. 고양이들이 쉴 수 있는 집과 구조물들을 만들어 비바람을 피할 수 있도록 해주었다. 공원 초입에 고양이 마을이 조성되어 있다. 김녕미로공원은 사계절 푸르름을 유지하는 상록수 '렐란디'가 수벽을 이루고 있었다. 공원에서 미로를 찾다 보면 '렐란디'와 바닥에 있는 화산석 '화산송이' 향 덕에 머리는 맑아지고 마음이 편안해진다.

김녕미로공원은 관광객들에게 '미로'라는 테마를 활용하여 재미와 즐거움을 준다. 미로 숲 가장 높은 곳에 있는 종을 보며 미로를 찾아간다. 종을 치면 미로 찾기는 끝이 난다. 미로 찾기는 길을 잘못 찾으면 다시 돌아가야 한다. 미로 중간중간에 스템프가 있다. 미로가 맞으면 스템프 도장을 찍어서 코스 통과를 확인한다. 마지막 미로를 통과하면 종이 매달려 있는 계단을 올라간다. 계단에 오르면 미로 숲 전체가 내려다 보이는 곳에 종이 매달려 있다. 종을 치면 마지막 스템프를 찍고 미로 찾기가 성공적으로 끝난다.

미로 찾기를 마친 아이들은 신이 나서 서로 종을 치고 싶어 했다. 공정하게 모두 한 번씩 종을 칠 수 있게 해주었다. 아이들이 왁자지껄 종을 치고 만세를 부른다. 성취감을 맛본 모양이다. 아이들은 어느새 다시 미로 속으로 사라졌다. 하늘을 보며 심호흡을 크게 했다. 폐 깊숙한 곳의 공기를 입 밖으로 내보내고 '렐란디'와 '화산송이' 향을 코로 들이마셨다.

눈이 번쩍 뜨일 만큼 머리가 맑아졌다. 계단에 올라 미로 숲을 내려다보았다. 미로 속에 있을 때는 나무만 보이던 것이 높은 곳에서 보니 미로 숲 전체가 보인다.

학원을 경영하다 산업교육 강사로 전환하면서 교육컨설팅 법인회사를 창업했다. 사무실이 필요했다. 창업자금도 절약하고 다른 방법이 없는지 수소문하고 있었다. 사무실을 임대하면 기본 운영비 지출만 해도 부담스럽다. 여성경제인협회에서 지원하는 여성 기업 대상 창업 지원제도가 있다는 것을 알게 되었다.

한국여성경제인협회 경남지회 보육센터다. 창업하는 여성을 대상으로 사무실을 저렴하게 임대해 준다. 최장 3년 동안 관리비 정도만 내면 이용할 수 있다. 사무실은 평형대에 따라 임대료 차이가 있지만, 주변 시세랑 비교하면 임대료가 착하다. 창업하는 여성 기업가들의 경쟁도 치열하고 심사도 까다롭다. 여성 창업자들은 사무실 임대비용을 줄이기 위해 지원을 많이 했다. 보육센터에 입주하기 위해서 8명의 심의위원 앞에서 기업 성장 가능성과 3년 동안 사업계획을 브리핑했다. 15분 분량의 PPT로 보육센터에 입주해서 사업계획, 매출 상승 여부, 여성 인력 창출을 발표했다. 결과는 운 좋게 입주하게 되었다.

입주한 여성 기업 대표들과 매월 정기모임을 가졌다. 입주한 대표들은 업종도 다르고 분야도 다르지만 식사하며 정보도 교류하고 친목을 다졌다. 정기모임 참석자는 다양한 분야의 대표들이었다. A 대표가 눈에 띄었다. A 대표는 큰 키와 서구적인 외모가 눈길을 끌었다. 표정도 밝고 목소리도 시원시원했다. 친화력이 뛰어나 처음 만났는데 오래전부터 알고 지낸 사이처럼 편안했다. A 대표와 명함을 교환하고 말을 건넸다.

"대표님 카페 위치가 어디예요?"

"온라인 커뮤니티 카페입니다."

"온라인 카페요? 저는 오프라인 카페를 운영하시는 줄 알았습니다. 온라인 카페에 대해 잘 몰라서 그러는데 무슨 커뮤니티예요?"

"ㅇ 카페입니다. ㅇㅇ에 대한 정보와 일상을 공유하는 곳입니다."

"그렇군요."

"곧 온라인 세상이 올 겁니다! 카페에서 공동구매, 동호회, 맛집 추천, 강의, 광고도 하는 세상이 올 겁니다."

A 대표는 온라인 커뮤니티 카페에 대해 자신 있게 말했다. 그때만 해도 온라인 커뮤니티에 대해 잘 모르고 있었기 때문에 사업이 될까? 라는 의구심을 가졌다. 기우였다는 것을 아는 데 그리 오래 걸리지 않았다. A 대표는 정기모임이나 보육센터 월례회에는 꼭 참석하고 센터 봉사활동에도 적극적이었다. 자신의 장점인 밝은 미소와 자신감도 함께했다. 몇 달 뒤 정기모임 식사 자리에서 A 대표를 만났다.

"A 대표 잘 지내죠?"

"잘 지내고 싶은데 안 되네요."

"왜? 무슨 일 있어요?"

"속상한 일이 생겼어요."

"네? 어쩌다가? 어떡해요?"

"살다 보니 별일이 다 있네요."

"어떻게 그렇게 나쁜 사람들이 다 있어요. 대표님 힘드시겠지만 잘 견뎌내세요. 잘될 거예요."

어깨를 쓰다듬으며 토닥토닥 해주었다. A 대표는 힘든 시간을 긍정적이고 활달한 성격으로 잘 견디며 버티고 있었다. 카페는 하루가 다르게 회원수가 늘어나며 성장했다. A 대표는 현재 5개 온라인 카페 커뮤니티를 이끄는 수장이다. 회원 수만 ○○만 명이다. 네이버 대표 카페가 되었다.

○들의 희, 로, 애, 락 글들이 카페에 올라온다. 정보공유의 장이다. ○들 서로에게 치유도 받고 치유도 해준다. A 대표 말처럼 커뮤니티 카페에서 모든 것이 이루어지는 세상이 왔다. A 대표 프로필 알림 글이 생생히 기억난다. "꿈에 눈이 멀어라. 시시한 현실이 눈에 보이지 않도록" 커뮤니티 카페를 운영해 오면서 여러 가지 힘든 일이 있었다. 하지만 자신의 꿈을 믿고 포기하지 않았다. 눈앞의 작은 문제에 연연하지 않고 미래의 큰 꿈을 이루어 가고 있는 A 대표를 지지한다.

산은 멀리 봐야 오래 볼 수 있다. 인생도 마찬가지다.

인간 정신의 세 가지 진화

독서 모임을 하면서 책 읽는 재미를 맛보고 있다. 선정된 도서를 읽고 작가들과 함께하는 토론 시간은 지식이 확장되는 새로운 경험이다. 독서를 시력이 좋지 않다는 핑계로 멀리했던 내가 독서 모임을 기다리며 책을 읽고 있다. 예전에는 독서라고 해봐야 꼭 읽어야 하는 전공 관련 서적이나 자격증 취득에 필요한 책을 읽는 것이 전부였다. 얇은 책도 읽지 않는데 교수님 추천도서와 전공서 벽돌책이 재미가 있을 리 만무하다. 늦은 나이에 시작한 공부라 체력이 달렸다. 갈수록 기억력도 떨어지고 눈도 점점 나빠진다. 뒷장을 넘기면 앞 장 내용이 기억 안 난다. 노안이라 몇 줄만 읽으면 눈이 침침해서 책을 덮었다. 이런저런 핑계를 대며 꼭 필요하지 않으면 책을 집어 들지 않았다. 전공 관련, 업무 관련 독서만 하기에도 시간이 부족하기 때문이다. 공부하다 힘들면 자기계발서는 읽었다. 힘이 났다.

등산, 산책, 운동할 때 오디오북을 들었다. 운동도 하고 필요한 지식도 알게 되고 일거양득이다. 아파트를 산책하다가 죽음 앞에서 인생을 성찰하게 된 주인공 이야기를 들었다. 병원에서 무료함을 달래기 위해 책을 읽기 시작했고 독서를 통해 인생이 역전되었다는 내용이었다.

새벽 기상으로 10년 동안 2,000권의 책을 읽었다. 사업 실패가 몇 번 있었지만, 꾸준한 독서를 하고 대박집으로 다시 태어났다. 읽고 쓰는 삶을 통해 사업도 일으켰다. 독서의 중요성을 알리는 작가로 활동하고 있으며 인생을 바꾼 책 속 '한 줄' 문장을 소개했다. 프리드리히 니체 작가의 책 『차라투스트라는 이렇게 말했다』라는 문장이다. 사람은 세 가지 정신 변화를 겪는다. 세 가지 정신 변화에 따라 삶을 대하는 태도가 달라진다. 낙타, 사자, 아이의 삶이다. 내 삶에도 적용한다.

첫째, '낙타의 삶'이다. 의무감과 책임감으로 살아가는 삶이다. 주인의 짐이 무엇인지도 모르고, 목적지가 어딘지도 모른 채 살아간다. 짐을 실을 때는 무릎을 꿇고 사람을 태우고 사막을 건넌다. 다른 사람의 지시와 명령대로 살아가는 지극히 수동적인 삶이다. 자신의 사고와 의지가 없다.

낙타의 삶에서 독서는 주어지는 대로 읽는다. 자신의 선택권이 없이 다른 사람이 읽는 책을 따라 읽는다. 대학원 과정 중 교수님이 전공 관련 도서를 추천해 주면 마지못해 억지로 읽었다. 내 의지와 상관없는 과제 형태의 독서다 보니 재미가 없었다. 대학원 과정을 끝내기 위한 의무감과 책임감으로 독서했다. 대학원 과정이 끝났을 때 기억에 남는 책도 한 줄 문장도 없었다. 책장에 장식용으로 예쁘게 꽂혀 있다. 대학원을 졸업하기 위해 읽은 책의 물리적인 양에 비하면 내 인생을 변화시킨 책은 없었다.

둘째, '사자의 삶'이다. 자유롭게 살아가는 현대인의 삶이다. 목표를 이루기 위해 자기계발서를 닥치는 대로 읽었다. 목표를 이룬 사람들의 말과 행동을 일상에 적용했다. 자기계발서는 내가 선택해서 읽었다. 『의미 있는 삶을 위하여』, 『오늘도 뇌는 거짓말 한다』, 『당신의 뇌는 최적화를 원한다』, 『아주 작은 습관의 힘』, 『회복 탄력성』, 『네 안에 잠든 거인을 깨워라』, 『퓨처 셀프』, 『도파민 네이션』, 『원씽』, 『몰입』 등의 책을 읽었다. 책은 읽고 필요한 부분은 실천했다. 책에서 권하는 대로 확언 100번, 필사 100번도 했다. 성장과 함께 목표가 이루어지는 것을 확인했다.

셋째, '아이의 삶'이다. 맑고 순수하고 창조적인 영혼이다. 매일 보는 것도 처음 보는 것처럼 감탄한다. 누구에게 물들지 않고 있는 그대로 본다, 토끼는 토끼로 보고, 새는 새로 보고, 민들레는 민들레로 본다. 아이에게 하루는 놀이터 그 자체다. 신비롭고 예측할 수 없는 희망의 시간이다. 아이들은 하루에 300~400번 웃는다. 하루가 즐거움의 연속이다. 무엇이든 도전한다. 넘어지면 일어서고 또 일어서기를 반복한다. 결국에는 걷고 뛰고 달린다. 공부는 나에게 하나의 놀이었다. 나만의 놀이터였다. 고등학교, 대학교, 석사, 박사 매번 새로운 지식을 접할 때마다 신기했다. 감탄하지 않을 수 없었다. 학습으로 알게 되는 과정은 레고 조립하는 것처럼 재미있었다. 어떤 놀이보다 즐겁고 신나는 놀이었다. 아이 같은 호기심이 생겼다.

바닷물은 마시면 마실수록 갈증이 심해진다. 공부하다 보니 학습에 대한 목마름이 계속되었다. 성취의 달콤한 사탕 맛을 잊을 수가 없다. 다양한 사탕 맛을 보기 위해 여러 가지 도전을 시도했다. 실패는 두렵지 않았다. 넘어지면 일어서면 된다. 아이처럼 툭툭 털고 웃으며 걸어가면 된다.

시절 인연이 있다. 인생을 살아가면서 자연스럽게 내 삶에 들어오는 인연이다. 인연은 삶을 변화시키는 귀한 인연, 스치는 인연, 악연 등 다양한 인연들이 있다. 글쓰기 모임의 인연은 특별하다. 번아웃으로 깊은 수렁에 빠져 있을 때 인생의 방향을 정하지 못하고 방황할 때 만났다. 나를 성찰하고 다시 일어나 삶의 방향을 잡게 해주었다. 감사한 인연이다. 작가들은 읽고 쓰는 삶을 선택해 아이 같은 삶을 살아가고 있었다. 순수 그 자체라는 말로는 표현이 부족하다. 맑은 영혼을 가진 사람들이 모인 따뜻한 공간이다.

글쓰기를 시작하고 일상이 달라졌다. 불안, 긴장, 경쟁, 조바심으로 보낸 지난 시간이었다. 지금처럼 마음의 편안함을 느낀 적이 없다. 걱정은

90초만 하기로 했다. 경쟁자가 없는 글쓰기는 즐거운 경험이다. 작가들로부터 선한 영향력을 받는다. 작가로서 독자들에게 무엇을 줄 것인가? 어떤 도움을 줄 것인가를 끊임없이 고민한다. 책을 쓰는 이유는 환경의 결핍이나 아픔이 있는 사람에게 희망을 주고 싶었다. 나도 했으니, 독자는 더 잘할 수 있다는 자신감을 심어주고 싶었다. 아이 같은 마음으로 더불어 살아가는 인생을 선택하고 싶었다.

남들에게 보여주는 인생은 짧다. 혼자 있을 때 행복해야 한다. 외부에 신경 쓰지 않고 글 쓰는 삶을 살면서 내적 만족감이 넘쳐흐르니 웃음이 나온다. 마음이 편안하니 얼굴이 좋아 보인다는 이야기를 자주 듣는다. 미소와 함께 혼자 말이 계속 새어 나온다. 감사합니다. 고맙습니다. 행복합니다. 즐겁게 읽고 쓰는 삶을 살 수 있게 해 주셔서.

인생길 걸어가다 넘어지면 툭툭 털고 일어나 다시 걸어가면 된다. 아이처럼.

6

커넥터의 마법 같은 세계

강사로서 이미지메이킹과 전문적인 지식을 배우고 싶었다. 서울에 매주 올라가려면 시간, 체력, 마음도 내야 한다. 새로운 환경과 학습을 즐기는 성향이라 금세 적응했다. B 교수는 동기로 동년배 친구다. 매주 이화여대에서 서울역까지 태워준 고마운 친구다. B 교수를 통해 K 교수 이야기를 전해 들었다. K 교수는 선한 영향력을 끼치는 사람으로 후배와 제자를 위해 아낌없이 주는 호감형 이미지로 상상되었다. 이미지메이킹 과정을 수료하고 얼마나 시간이 흘렀을까? 바쁘게 시간 가는 줄도 모르고 살았다. 출강과 대학원 공부로 밀도 높은 일상을 보내던 어느 날 한 통의 전화를 받았다.

"안녕하세요. 한국 HRD 협회"입니다.

"네! 안녕하세요. 무슨 일이죠?"

"축하드립니다. 한국 HRD 명강사 대상 수상자로 확정되셨습니다."

"네! 감사합니다."

기쁜 소식이다. 한국 HRD 명강사 대상 수상자가 되었다. 한국 HRD 협회로부터 행사 일정을 메일로 받았다. 행사장은 서울 강남에 있는 코엑스다. K 교수 이름도 수상자 명단에 있었다. 반갑고 진심으로 축하해 주고 싶었다. 시상식 날 행사가 아침 10시부터 시작이라 하루 전날 올라 갔다. 가족들에게는 집에서 축하받고 시상식장은 혼자 다녀왔다.

숙소에서 코엑스까지는 도보로 10분 거리였다. 행사장에 도착하니 서울이 있는 지인이 먼저 도착해 꽃다발을 건넨다.

"축하드립니다. 옥 교수님."
"감사해요. 바쁘실 텐데! 안 오셔도 되는데."
"당연히 와야지요. 좋은 일인데."
"정말 감사드립니다."

말은 그렇게 했지만 내심 기분이 좋았다. 지인이라도 안 왔으면 외로운 시상식이 되었을 것 같았다. 감사했다. 다른 수상자들은 가족, 지인, 친구들이 많이 왔었다. 행사가 시작되고 궁금했던 K 교수를 찾았다. 얼굴은 사진으로 봐서 알고 있었다. K 교수는 행사장에 보이지 않았다. K 교수는 행사가 시작되고 조금 늦게 도착했다. 행사장에 들어오자, 사람들의 시선을 사로잡았다. K 교수는 자리를 잡고 앉았다. 수상자로 내 이름이 먼저 호명되었다. 수상하고 지인이 건네는 꽃다발을 받고 시상자와 함께 사진 촬영을 했다. 다음 차례가 K 교수다. 수상하는데 꽃다발이 없었다. 꽃다발이 없으니 사진 촬영하는데 썰렁해 보여서 앞줄에 앉아 있던 나는 꽃다발을 내밀었다.

K 교수는 사양하지 않고 웃으면서 "감사합니다."라며 꽃다발을 받아 사진을 찍었다. 수상을 하고 내려온 K 교수한테 나는 인사를 하러 갔다.

"교수님! 안녕하세요."

"아! 네! 조금 전 꽃다발 빌려주신 분이시죠?"

"네! 맞습니다."

"고마웠어요. 생각지도 못한 친절 감사해요."

"아닙니다. 교수님! 이야기는 많이 전해 들었습니다."

"네! 다음에 커피 마셔요. 연락처 주세요."

K 교수와 서로 연락처를 교환하고 열차를 타고 집으로 왔다. 일주일 지났을 무렵 모르는 번호로 전화가 왔다. 누구지? 받을까? 받지 말까? 강의 섭외인가? 고개를 갸우뚱하면서 전화를 받았다. 수화기 너머 서울 표준어를 구사하는 낭랑한 여성의 목소리가 들려왔다.

"옥 교수님 저 기억하시겠어요? 코엑스에서 꽃다발 빌려주셨잖아요! K 교수입니다."

"교수님 안녕하세요! 잘 지내시죠?"

"그럼요! 덕분에 잘 지내고 있습니다. 옥 교수님 배려에 감사 인사차 전화했습니다."

"아닙니다. 작은 친절 기억해 주셔서 감사합니다."

"옥 교수님 일정만 된다면 강의를 부탁하려고 합니다."

K 교수는 모 공군부대 교육을 진행해 달라고 했다. 매달 진행되는 교육으로 최선을 다하겠노라고 약속했다. 전화를 마무리하면서 힘들어도 박사학위는 꼭 취득하라는 당부도 잊지 않았다. K 교수가 연결해 준 공군부대 교육은 3년 동안 진행했다. 교육은 끝나도 K 교수에게 가끔 안부 전하며 연결의 끈을 놓지 않았다.

커넥터(connect)란? 연결되다, 이어진다는 뜻이다. 우주에 존재하는 것은 모두 이어져 있다. 자연, 물질, 동물, 식물, 사람 등 변화하는 것은 연결되어 있다. 연결은 사람과 사람을 이어주는 고리이다. 사람이 다른 사람에게 영향을 미치고 영향을 받는다. 개개인 모두 연결된 조직 안에서 상호작용을 통해 다양한 현상을 만들어 낸다. 눈에는 보이지 않지만 서로 나누고 공유하여 개인과 공동체 발전을 만들어 낸다.

학위를 취득하고 번아웃이 왔다. 아무것도 하기 싫은 무기력이었다. K 교수로부터 전화가 왔다. 박사학위 취득한 걸 어떻게 알았는지 축하한다는 내용이다. 고생했다며 위로해 준다. 자신이 재직하고 있는 대학원 겸임교수를 맡아 달란다. 정신이 번쩍 들어 침대에서 일어났다. 온몸에 생기가 돈다. 수화기를 놓고 넙죽 절이라도 하고 싶었다. 감사하다는 말을 몇 번 했는지 모르겠다. 지방 대학 강의는 오랫동안 했다. 서울 대학원 강의는 처음이다. 새로운 경험이자 경력확장이다. 믿고 맡긴 만큼 최선을 다해 강의했다.

상상도 못 한 일이다. 내 손으로 행한 작은 친절이 큰 나비효과로 다시 돌아왔다. 다양한 만남 속에서 살아간다. 스치는 만남일지, 귀한 만남일지 알 수 없다. 누구를 만나든 사심 없이 정성껏 대한다. 인연은 나로부터 비롯되는 것, 사람은 혼자 살아갈 수 없는 존재다. 언제 어떤 상황에서 누구 도움이 필요하게 될지 모르는 일이고, 또한 적은 만들지 않는 것이 좋다. 인연은 커넥터를 통해 어디에서부터 시작될지 모른다.

인간관계는 보이지 않는 인연의 복잡함과 아름다움이다.

일주일 내면 들여다보기

　박사를 졸업했다. 인생에서 후회 없는 선택과 집중의 시간이었다. 내 인생에서 가장 많은 번뇌와 성취감을 동시에 맛본 경험이었다. 그러나 기쁨의 순간은 잠시였다. 마음이 고장 났다. 즐거움을 잊어버렸다. 몰입도 집중도 안 된다. 머릿속이 텅 비고 발바닥이 땅에 닿지 않고 공중에 붕 떠 있다. 의욕이 없고 무기력에 우울감까지 왔다. 꿈을 이루고 나면 행복할 줄 알았다. 그러나 주변의 갈채와 평가에는 감흥이 없었다. 내 마음이 행복하지 않았다. 진흙 속에 발이 빠진 것처럼 마음이 빠져 들어가 나올 기미가 보이지 않았다. 나를 돌아볼 시간이 필요했다.

　일기를 쓸 때 마지막에는 인생 단어를 적는다. 공부 중일 때 매일 적었던 단어는 목표, 성취, 혁신, 변화, 도전, 성장, 시간 관리, 긍정, 대인관계 등이었다. 박사를 졸업하고 인생 단어가 달라졌다. 웃자, 단순하자, 천천히, 부드럽게, 품위, 품격, 성품, 여유로움, 아름다움, 의도다. 의도라는 단어가 필요할 때다. 습관을 만들기 위해서는 '의도'가 필요하다.

아침에 일찍 일어나려면 알람을 맞추어야 한다. 습관을 만들기 위해서는 '의도적'으로 알람에 맞춰 일어나야 한다. 표정을 바꾸고 싶고 무표정한 얼굴이 싫다면 '의도적'으로 미소 짓는 연습을 해야 한다. 치즈! 김치! 위스키! 와이키키! 개구리 뒷다리! 공부하느라 고생한 내 몸과 마음에 휴식의 시간을 주기로 했다. 의도적으로 나를 재해석하는 상황을 만들어 보기로 했다. 물 흐르듯 순리대로 가본다. 내가 나를 멀리서 바라본다.

모든 준비는 끝났다. 박사에 강의경력도 풍부하고, 강의 콘텐츠, 노하우, 스토리도 좋다. 강의에 필요한 수상 경력도 갖추었다. 그런데 시장경기가 좋지 않다. 경제위기로 기업은 예산을 줄여 교육을 축소, 폐지했다. 교육을 진행하지 않는 기존 거래처는 많아졌고, 신규 거래처는 생겨나지 않는다. 기업교육이 예전 실적에 비하면 턱없이 부족하다. 설상가상으로 코로나까지 겹쳐서 잡혀 있던 교육도 무기한 연기 또는 취소되었다. 학교는 온라인수업으로 전환되었다. 코로나가 빨리 끝나기를 바랐다. 대면 수업으로 정상화되어야 할 텐데! 언제까지 기다려야 하지? 2년이라는 시간이 훌쩍 지나가 버렸다.

코로나가 끝나고 일상으로 돌아왔다. 오프라인 교육이 시작되었다. 하지만, 교육 시장은 예전 같지 않았다. 학습자들이 온라인 교육의 편리함을 알아버렸다. 온라인 교육으로 발 빠르게 전환한 사람들은 오히려 잘

나갔다. 다른 방법을 찾아야 한다. 지금 상황을 회피하고 주저하기보다 현실을 직시해야 한다. 미래에 대해서 장소를 옮겨 고민해 보기로 했다.

'일주일 살기'는 오래전부터 꿈꿔온 버킷리스트이다. 일주일 살기 도시를 알아보기 위해 오랫동안 인터넷을 검색했다. 간절히 원해서일까? 가고 싶고 한번도 가보지 않은 도시를 찾았다. '구하라 반드시 얻을 것이다'라는 진리를 확인했다. 일주일 살기를 행동으로 옮길 때 가장 큰 고민이 혼자 여행을 간다는 것이었다. 그것도 여자 혼자 여행을 떠나는 것은 큰 용기가 필요했다. 가족들도 원하면 다녀오라 했지만, 안전에 대한 걱정을 내비쳤다. 걱정이 지나치면 떠나지 못한다. 고민과 걱정은 목포 도착해서 하기로 했다.

휴가철이라 숙소 예약이 힘들었다. 고민하느라 숙소 예약을 늦게 해서 한옥 숙소를 체험하지 못한 것이 아쉬웠다. 무엇보다 혼자 여행이라 안전한 숙소를 찾는 것이 우선이었다. 숙소는 목포역과 가까운 구도심에 있는 곳으로 정했다.

1일차: 두 시에 도착해서 숙소에 짐을 풀었다. 숙소는 생각했던 것보다 훨씬 조용했고 깔끔해서 혼자 지내기에는 손색이 없었다. 여행 가방에는 노트북, 책, 간단한 여벌옷이 전부였다. 몸도 마음도 여행 가방도 간소화했다. 숙소에서 잠시 휴식을 취한 후 목포 문화원으로 갔다. 목포의 역사를 한눈에 볼 수 있는 곳이다. 다음으로 근현대 역사관은 관람 시간이 지나 내부는 볼 수가 없었다. 다음날 관람하기로 하고 외부만 살펴보았다. 근대 문화거리를 지나 〈1987〉 촬영지였던 연희슈퍼가 보인다. 영화 〈1987〉을 상상하며 동네를 천천히 산책했다. 주인공인 연희가 눈앞으로 뛰어온다. 첫날은 일찍 숙소로 돌아와 쉬었다.

2일차: 아침 일찍 유달산 노적봉을 올랐다. 정상에서 목포 시내를 내려다보았다. 하산하는 길에 케이블카를 타러 갔다. 목포 바다를 지나가는 케이블카는 북항에서 타고 반대편 고하도 섬에서 내렸다. 목포에 오면 꼭 가고 싶었던 곳이었다. 무더운 여름 햇살도 개의치 않고 고하도 산책로와 해상 데크길을 걸었다. 태풍이 지나간 지 며칠 지나지 않아 사람이 없었다. 혼자 조용히 사색하기 좋은 최고의 장소로 다음에 가족들과 오고 싶은 곳이었다.

3일차: 아침 일찍 갓바위를 찾아갔다. 목포 바다 옆에 갓을 쓴 모양의 바위 두 개가 나란히 있었다. 여름 기온이 높아 갓바위만 보고 에어컨 나오는 시원한 자연사박물관, 문예역사관, 생활도자기 박물관, 해양박물관 등 실내 관람을 했다. 목포 일주일 살기는 세 개 프로그램이 마음에 들어 신청했다.

첫째, 민어 쿠킹 클레스

둘째, 요트 체험

셋째, 신안 퍼플섬 투어다.

민어 쿠킹 클래스는 민어 해체와 함께 즉석에서 민어 활어회 맛을 볼 수 있었다. 입안에서 민어가 팔딱팔딱 뛰어오르는 신선함이었다. 민어전도 부치고 마지막으로 코스요리도 먹었다.

4일차, 요트 체험이 있는 날이었다. 목포대교를 가로지르는 요트에서 멋지게 앉아 있는 나를 상상했었다. 안타깝게도 요트를 띄울 수 없다는 연락을 받았다. 태풍이 지나간 바다에 쓰레기가 밀려와 요트가 움직이기 힘들다는 설명이었다. 아쉬운 마음을 뒤로하고 마지막 코스인 신안 퍼플 섬에 갔다. 신안 섬 일주는 해설사가 동반되었다. 신안 섬까지 설명을 들으며 버스로 40분 이동했다.

사진이 SNS에 자주 올라와 궁금했던 곳이었다. 섬 입구부터 온통 보랏빛 향연이었다. 여행지는 직접 와봐야 한다. SNS에서 본 사진이랑 실제는 차이가 났다. 예쁜 사진들은 섬 중간중간에 포토존에서 찍었다는 것도 알게 되었다. 섬 한 바퀴 도는데 한 시간이면 충분했다. 신안 섬 투어를 마지막으로 일주일 살기는 끝났다.

일주일 살기는 휴가철과 겹쳐 숙소가 없어서 4박 5일 일정으로 마무리했다. 하지만, 혼자 사색하기에는 충분한 시간이었다. 인생 중간 점검과 성찰을 통해 인생 방향을 잡았다. 일주일 살기는 온전히 나한테 집중할 수 있는 시간이었다. 나를 돌아보는 시간이자 쉼의 시간이었다.

사람은 누구나 장단점이 있겠지만 나는 하나를 보면 다른 것을 보지 못하고 놓치는 치명적인 단점이 있다. 하나를 보면 전력 질주하다 보니 놓치는 것들이 많다. 그래서 다시 돌아갔다. 이번 여행은 바쁘게 살아오느라 놓친 것들을 다시 돌아보는 시간이었다. 돌아가서 보니 놓친 것들의 소중함을 알게 되었다. 당연하다고 생각했던 것들의 감사함도 알았다. 늦지 않아서 다행이다.

제5장

지속하는 평생학습:
인생의 터닝포인트

자기다움의 법칙

'아름답다'에서 '아름'은 '나'이다. '아름답다.'는 '나답다.', '자기답다.'는 말이다. 내가 나 다울 때 가장 아름답다. 나의 '나다움'이란 무엇일까? 나는 나답게 살아가고 있을까? 지나간 시간에 아쉬움이 없는 사람이 어디 있으랴? 그때도 알았더라면! 그 시간으로 돌아가면 더 잘할 텐데! 하는 아쉬움이 있다. 하지만 정신 건강을 위해 기왕이면 긍정적으로 해석한다. 그래도 사람인지라 아쉬움이 남는 것을 굳이 꼽으라면 재테크다. 재테크 잘한 지인들을 보면 부럽다. 꿈을 이루기 위해 돈은 필요하다.

신년 조찬모임에 참석했다. 창원시가 주최하고 창원상공회의소가 주관했다. 참석 대상은 창원에 소재한 기업 대표들이다. 회사 대표자라면 중견기업, 중소기업, 1인 기업 모두 참석이 가능하다. 법인 사업자를 내면서부터 조찬모임에 참석하기 시작했다. 창원상공회의소 회원이면 한 달 전에 모임 일정과 강연 내용을 메일로 보내준다. 조찬모임 일정을 보고 참석 여부 신청서를 창원상공회의소로 보낸다. 조찬모임은 아침 일곱 시부터 시작해서 아홉 시에 끝난다. 기업 대표님들과 명함교환도 하고 조식을 먹으면서 가벼운 담소도 나눈다. 강연자는 시장님을 비롯해 명강사로 새로운 정보를 접할 수 있는 최고의 모임이다. 일정을 조율해 시간을 비워둔다.

조찬모임 강연 주제는 '4차 산업 혁명에 대비한 미래 사회 준비'다. 강연자는 미래에 펼쳐질 기계화사회를 구체적으로 설명한다. 기계화 관련 특정 직업의 새로운 일자리는 폭발적으로 늘어나고 제조업처럼 단순 반복 작업의 일자리는 사라진다는 내용이었다. 강연 내용에 새로운 정보를 얻는 만족감에 고개가 저절로 끄덕여졌다. 하지만, 고개가 갸우뚱해지는 부분이 있었다. 가상화폐인 '비트코인', '이더리움', '리플' 등의 시대가 온다는 것이었다. 가상화폐는 너무 앞서간다는 생각이 들었다. 뜬구름 잡는 이야기 같았다.

저녁 뉴스에 비트코인 기사가 나온다. 가상화폐에 투자금이 몰린다는 내용이다. 높은 수익에 대한 기대로 남, 녀, 노, 소 모두 가상화폐 열풍이지만 신중하게 투자하라는 내용이었다. 방송, 신문, 라디오의 머리기사 모두 가상화폐 기사가 주를 이룬다. 다음날 친구와 점심을 먹었다. 친구가 진지하게 묻는다.

"너 비트코인 하니?"

"비트코인? 알잖아! 겁 많다는 거!"

"너답다. 그래도 세상 돌아가는 것에는 관심은 가져야지! 고등학생도 코인하는 세상인데! 용돈으로 코인 사고! 아르바이트해서 코인 사고!"

"그 정도야? 수익이 나니?"

"그러니까 하겠지!"

"그렇구나! 그것도 하는 사람이나 하지! 나는 못 해! 아니 안 해!"

친구와 헤어지고 집에 오니 비트코인 생각이 머릿속에서 떠나지 않았다.

"고등학생도 한다는데 나도 해볼까?" 친구한테 전화했다.

"코인 조금만 해보게 종목 추천 좀 해 줘?"

"미안해! 그건 스스로 선택하는 거야! 책임도 자신이 지는 거고!"

"책임 묻지 않을게! 그래도 네가 그쪽 분야에 대해 아니까 몇 종목만 알려 주면 최종 선택은 내가 할게."

"미안해! 네가 잘 알아보고 해!" 친구는 신신당부했다. "주식이나 코인은 하느님도 모른다. 절대 무리하지 말고 여유자금으로 조금만 하라고 했다."

친구의 말대로 여유자금으로 가상화폐에 투자했다. 며칠 동안 계속 상승장이다. 투자 금액을 두 배로 올렸다. 투자 금액을 올리니 수익이 더 많이 발생했다. 환호성을 질렀다. 집에서 손가락으로 클릭하니 돈이 들어오는 신세계도 이런 신세계가 없었다.

"나에게도 기회가 오는구나!"라고 환호성을 지르며 수익금을 재투자했다. 한 달 동안 천국에서 살고 있었다. 돈을 쉽게 버는 달콤한 맛에 빠져 있었다.

욕심이 생겼다. 코인을 채굴하는 회사로 투자처를 옮겼다. 초기 투자금인 원금은 두고 수익금만 전액을 넣었다. 투자금의 30%를 매월 수익금으로 돌려준다는 것에 현혹되었다. 한 달, 두 달, 석 달까지 일정한 날짜에 수익금이 들어왔다. 하루하루가 행복했다. 넉 달째 수익금이 안 들어왔다. '무슨 일이지?' 하며 코인 회사에 전화했다. 회사 대표는 매월 받는 30%의 수익금을 재투자하면 40%의 수익금을 준다고 했다. 순간 머릿속에서 설명할 수 없는 불길한 예감이 들었다. 제안은 고맙지만, 수익금은 기존 30% 그대로 받겠다고 입금을 요청했다. 다음날 입금해 준다는 약속을 받고 전화를 끊었다.

가족들과 저녁 식사를 하는데 뉴스특보가 나왔다. 가상화폐로 투자자들에게 투자금을 받아 돌려막기 한 사기 사건이었다. 코인 채굴회사에 투자하면 배당금을 30% 준다는 전형적인 사기 수법이었다. 채굴회사도 불법시설로 경찰이 대대적인 단속을 한다는 내용이었다. 뉴스에 나오는 이야기가 내 이야기였다. 머릿속이 복잡했다. 남편한테 말도 못 하고 안절부절 속이 새까맣게 탔다. 밤새 잠도 자지 못하고 날이 새기만을 기다렸다. 코인채굴 회사에 전화는 연결되지 않았다. 대표는 이미 잠적을 한 상태였다.

학교 화장실에 이런 문구가 있다. "우리는 남들 따라 사느라 인생의 3분의 1을 낭비한다." 남에게 인정받기 위해 사는 삶, SNS로 보이는 삶, 남에게 보이기 위해 사는 삶은 공허하다. 남 따라가는 길은 내 길이 아니다. 자신만의 길을 가야 한다. 내가 안정되고 편안해야 한다.

숭실 사이버 대학교 노인 전문가 김호선 교수는 말한다. "나이가 들어가면 막춤을 추더라도, 내 춤을 추어야 한다." 나는 내 춤을 추고 있는가? 내 돈이 사라졌다! 허탈했다. 사람은 하던 대로 하고 살아야 한다. 안 하던 행동하면 이상한 일이 생긴다. 저축하는 돈이 내 돈이다. 정직하게 돈 버는 방법이 아름다운 것이다.

2

포지티브 이미지 구축은 능력의 극대화

이미지란? 나 아닌 다른 사람이 나를 보고 느낀 모습을 말한다. 현재 나의 이미지는 과거 선택에 의한 결과물이다. 현재의 선택은 미래 이미지를 결정한다. 미국 심리학자 엘포트(Allport)는 이렇게 말했다. "첫인상을 결정하는데 걸리는 시간은 불과 30초다. 이미지 관리는 개인의 능력을 최대한 발휘할 수 있도록 도와준다." 이미지는 개인행동이나 사회 문화를 형성할 정도로 영향력이 크다. 정치인, 연예인, 일반인도 자신이 원하는 이미지를 효과적으로 연출해야 한다. 사회생활을 성공적으로 하고 싶은 사람이라면 이미지 관리는 중요하다. 이미지는 때, 장소, 목적에 맞게 연출하여 타인에게 신뢰감을 주어야 한다.

자신의 장점을 효과적으로 보여주기 위한 이미지 관리 5단계는 다음과 같다.

1단계, '자신을 알라'(Know Yourself). 이미지관리 첫 단계는 자기 이해부터 시작된다. 자기 자신을 알기까지 충분한 시간이 필요하다. 글쓰기를 통해 내가 만들어 가고 싶은 이미지가 어떤 이미지인지 찾아야 한다. 일기를 열여섯 살부터 지금까지 쓰고 있다. 일기를 쓰면서 하루를 성찰하고 내면의 대화를 통해 나를 이해하는 시간을 가졌다. 이미지는 고정불변이 아니라 현재진행형으로 환경에 따라 나이에 따라 변한다.

2단계, '자신을 계발하라'(Develop Yourself). 자신이 만들고 싶은 이미지를 찾았다면 그 이미지를 만들기 위해 자기계발을 해야 한다. 학원장에서 강사의 이미지를 만들기 위해 내적 이미지인 학습과 외적 이미지인 복장과 헤어스타일을 바꾸었다.

3단계, '자신을 포장하라'(Package Yourself). 과일가게에서 사과를 살 때의 상황을 예시로 들어본다. 사과의 가격, 원산지, 품종, 크기가 같을 경우라고 가정한다. 과일가게 진열대에 A 사과는 깨끗하게 닦아서 포장도 이쁘게 해 두었고, B 사과는 닦지도 않고 신문지로 대충 싸두었다. 소비자는 A, B 중 어느 사과를 구매할까? 고민할 필요도 없이 A 사과를 구매할 것이다. 소비자는 신선하고 맛있어 보이고 포장도 잘 된 사과를 구매할 것이다. 사람도 마찬가지다. 능력이 같다면 호감 가는 이미지를 선호한다. 자신의 장점을 극대화할 수 있는 표정, 복장, 헤어스타일, 목소리를 만들어야 한다.

4단계, '자신을 팔아라'(Market Yourself). 자신의 강점을 주변에 알린다. 사실에 기반을 두고 자신의 능력, 자신의 장점을 알린다. SNS, 블로그, 인스타그램을 통해 자신을 홍보해야 한다. 마케팅 시대, 홍보의 시대다. 가만히 있으면 아무도 나를 찾지 않는다. 블로그를 시작했다. 미숙하지만 배운다는 생각으로 나만의 블로그를 만들어 가고 있다. 적극적으로 장점을 알리는 것이 좋다.

5단계, '자신에게 진실하라'(Be Yourself). 자신에게 진실하지 못한 이미지는 허상이다. 스스로에 대해 꾸밈없이 진실해야 당당함과 자신감이 나온다. 대인관계에서 신뢰가 가장 중요하다. 첫인상만큼 지속적인 만남을 위해 신뢰 있는 이미지는 중요하다. 왜곡된 이미지는 오래가지 못한다.

이와 같은 과정을 통하여 자신의 어떤 면을, 어떻게 보여주느냐에 따라 이미지는 크게 달라질 수 있다.

이미지 관리는 표정과 용모, 커뮤니케이션, 태도 세 가지로 나뉜다.

첫째, '표정'이다. 사람의 첫인상은 처음 3초가 중요하다. 표정 하면 생각나는 친구가 있다. A 친구는 생각만 해도 기분이 좋아진다. 언제나 웃음 머금은 얼굴로 화내는 것을 본 적이 없다. 주변에 사람이 넘쳐나는 이유가 있다. A 친구의 환한 표정은 전염되어 주변 분위기도 밝게 만든다. 친구는 직장생활을 오랫동안 하다가 자영업을 시작했다. 코로나로 힘든 상황인데도 얼굴에는 언제나 웃음을 띠고 있었다. 밝은 표정과 함께 긍정언어로 스스로 기운을 채운다. '나는 잘될 거야!', '꿈이 있는 여자는 늙지 않아!' 코로나를 잘 극복한 A 친구는 방글방글 웃는 표정과 긍정언어 덕분에 사업이 자리를 잡았다.

우리나라 속담에 '웃는 얼굴에 침 못 뱉는다.', '거울은 먼저 웃지 않는다.'가 있다. 웃는 얼굴은 상대를 기분 좋게 해준다. 표정에서 더 중요한 것은 진실한 마음이다. 진실한 마음으로 밝은 표정을 하면 상대방이 편안하게 느낀다.

단정하고 깔끔한 용모는 말하지 않아도 상대방이 나를 해석하는 도구다. 여성이라면 메이크업에 따라 이미지가 달라질 수 있으니 자연스럽게 연출해야 한다. 세이노 작가의 책『세이노의 가르침』에서도 "용모를 단정히 하라"며 강조했다.

둘째, '커뮤니케이션'이다. 올바른 대화법과 친절한 말씨는 그 사람의 직업과 교양과도 관련이 있다. 성품을 나타내는 중요한 수단이다. 상대방과 커뮤니케이션을 잘하면 자신의 이미지를 좋게 어필할 수 있다. 음색, 말의 표현, 말의 빠르기, 감정, 고저장단에 따라 상대방에게 호감 가는 이미지를 줄 수도 있고, 비호감의 이미지를 줄 수도 있다. 용모는 단정한데 커뮤니케이션에서 비호감이 되는 경우가 많다.

J 사장은 멋쟁이다. 얼굴도 예쁘고 모델처럼 패션 감각도 뛰어나다. J 사장의 치명적인 약점이 커뮤니케이션이다. 커뮤니케이션하지 않고 가만히 있으면 멋지고 우아한 여 사장님인데 대화만 하면 비속어와 부정적

인 말로 반전 이미지를 보여준다. J 사장은 공식 석상에서만 만나고 되도록 개인적인 만남은 피한다. 성공한 사람들에게 물었다.

"어떻게 성공할 수 있었습니까?"라고 묻자 20%가

"대인관계가 좋아서 성공했다."라고 대답했다.

"대인관계는 어떻게 했습니까?"라고 묻자 80%가

"커뮤니케이션을 잘해서 성공했다."라고 대답했다. 성공하기 위해서는 대인관계가 중요하다. 대인관계를 잘하기 위해서는 커뮤니케이션 능력이 중요하다는 결론이 나온다.

인간은 유일하게 말하는 동물이다. 의사소통을 통해 관계를 좋게도, 관계를 나쁘게도 만들 수 있다. 커뮤니케이션을 못 한다고 걱정할 필요는 없다. 커뮤니케이션은 타고나는 것이 아니다. 학습을 통해 개선할 수 있다. '말 한마디로 천 냥 빚을 갚는다.', '가는 말이 고와야 오는 말이 곱다.', '말은 그 사람이다.'

셋째, '태도'다. 표정 좋고 복장 단정하고 커뮤니케이션 능력이 뛰어나도 태도가 나쁘면 무용지물이다. 대인관계에서 태도는 이미지를 더 좋게 만드는 방법이다. 상대방에게 먼저 인사하기, 배려하기, 양보하기, 경청하기, 약속 지키기, 신뢰 형성하기, 정직하기 등이다.

좋은 태도는 상대방을 있는 그대로 인정하고 편안하게 해준다. 태도가 좋고 호감을 주는 사람은 다음에 또 만나고 싶은 사람이 된다. 관계의 지속은 함께 있는 동안 즐겁고 의미 있는 시간이어야 한다. 학교 수업 때 학생들에게 매번 강조하는 말이 있다. 실력보다 '태도'다.

이미지는 내적 이미지, 외적 이미지, 관계적 이미지로 나뉜다.

내적 이미지는 사고, 신념, 가치, 철학, 태도 등이다.

외적 이미지는 표정, 외모, 목소리 시각적으로 보이는 현상이다.

관계적 이미지는 커뮤니케이션, 대인관계, 사회생활 등이다. 자신의 이미지 관리를 빈틈없이 해야 한다. 내적 이미지, 외적 이미지, 관계적 이미지는 서로 연결되어 있다. 내적 이미지인 태도를 잘 형성하면, 외적 이미지인 표정과 용모로 나타나고, 관계적 이미지는 원활한 소통으로 사회생활을 잘하는 사람이 된다. 이미지 관리는 내 능력의 극대화다.

도전을 일깨우는 소망목록

버킷리스트란? 죽기 전에 꼭 하고 싶은 일, 해야 할 일들에 대한 리스트다. 국립국어원에서는 버킷리스트를 '소망목록'이라는 순화어로 제시했다. 이 장에서는 버킷리스트를 '소망 목록'으로 지칭한다. 소망목록을 적기 시작한 계기가 있다. 부모님 죽음을 일찍 경험하면서 '죽음'에 대해 생각하게 되었다. 가족, 친척, 친구들의 죽음을 가까이에서 지켜보았다. 삶은 유한하다는 것을 알게 되었고 유한한 시간 속에 소망목록을 만들어 하나씩 실천하기 시작했다.

친구 중에 삼총사가 있다. 일 년에 두 번 정기적으로 여행을 가는 사이다. 여름방학, 겨울방학 내 시간을 배려한 일정으로 여행을 갔다. 친구들과 6개월 만에 만나 오픈과 동시에 전망 좋은 카페에 자리를 잡았다. 브런치도 먹고 수다도 먹었다. 수다가 첨가되니 브런치에 맛을 더했다. 가족들의 안부와 근황을 묻고는 대화를 시작했다. P 친구가 몸을 앞으로 기울이며 묻는다.

"공부가 재미있니? 세상에 재미있는 일이 얼마나 많은데 머리 아픈 공부를 하니? 주변 사람 중에 가장 이해 안 되는 사람이 바로 너야!"라고 말했다.

친구뿐만 아니라 다른 사람들한테도 질문을 많이 받았던 내용이다. 친구들은 내가 공부를 조금 하다가 그만둘 줄 알았다. 이렇게 오랫동안 공부를 할 것이라고는 아무도 생각하지 않았다. 친구의 질문에 나도 생각해 봤다. 나는 공부가 쉽나?, 공부를 좋아하나?, 나는 공부를 잘하는 사람인가? 질문에 답은 모두 아니었다. 공부가 쉽지도, 잘하지도 않는다. 공부를 오랫동안 하다 보니 조금 즐기게 된 것은 맞다.

공부를 오랫동안 한 또 다른 이유가 있다. '공부'가 소망목록이었다. '고등학교 졸업장'이라는 소망목록을 시작으로 '학사', '석사', '박사' 모두 소망목록에 포함되어 있었다. 공부를 내가 하고 싶어서 한 것이 아니라 주변에서 하라고 했다면 안 했을 것이다. 공부가 힘들고 하기 싫어서 못 하겠다며 결국 포기했을 것이다. 나에게 공부는 하나의 '소망목록' 이었다. 공부하는 과정이 힘듦에도 불구하고 인내의 시간을 견뎌낼 수 있었던 건 죽기 전에 인생에서 꼭 이루고 싶었던 '소망목록'이었기 때문이다. 공부라는 '소망목록'이 크리스마스 선물꾸러미처럼 내 삶을 풍요롭게 해줄 줄은 예상하지 못했다. 현재 '소망목록' 리스트는 이룬 것, 진행 중인 것, 최근에 새로 작성한 것도 있다.

소망목록 하나, '웃는 엄마 고운 말하는 엄마로 살아가자.' 진행형인 것으로 아이들과 함께하는 일상은 구름처럼 변화무쌍하다. 아이들 요구에 엄마도 사람인지라 때로는 힘들고 지친다. 아이들이 내 마음같이 따라주지 않을 때는 좌절하고 실망한다. 화도 나고 소리를 지르고 싶을 때도 있다. 그러나 눈을 감고 복식호흡으로 마음을 가라앉힌다. 아이들에게 웃으면서 사실 전달만 한다. 왜? '웃는 엄마, 고운 말하는 엄마'가 '소망목록'이기 때문이다. 아이들만을 위해서는 아니다. 웃다 보면 표정도 좋아지고 고운 말이 나오니 내가 더 좋더라. 덕분에 아이들과 친구처럼 지내며 일상을 대화로 공유한다. 사회생활로 힘든 아이들에게 방글방글 미소로 칭찬하고 격려하는 말로 넉넉하게 품어주고 싶다. 죽는 그 시간까지 웃는 엄마, 고운 말하는 엄마로 살고 싶다.

소망목록 둘, '일주일 살기를 다녀왔다.' 번아웃으로 광활한 우주 같은 공허감을 채울 길이 없었다. 의미 없이 주어진 일상을 보내고 있었다. 일주일 살기를 심사숙고 끝에 떠났고 사색의 시간을 갖게 되었다. 결과는 대만족 대성공이었다. 태평양 수심같이 깊은 상실감도 치유되고, 나에 대해 깊이 알게 된 시간이었다. 일주일 살기에서 중도 포기한 글쓰기도 다시 시작했다. 일주일 살기에서 꿈 너머 꿈도 생겼다.

소망 목록 셋, '번지점프'를 하다. 경기도 가평에 가족들과 여름휴가를 갔다. 여름 스포츠인 바나나보트, 수상스키, 제트스키를 탔다. 물에 빠지기를 얼마나 반복했던지 배가 부를 정도로 물을 많이 먹었다. 집으로 내려오는 길에 남이섬 선착장 입구에 있는 예능프로그램인 〈1박 2일〉을 촬영했던 곳에서 번지점프를 하기로 했다. 가족들에게 "번지점프 할 사람?"이라고 하자 남편과 큰아이는 생각만 해도 무섭다며 손사래를 친다. 작은아이와 나는 번지점프에 도전하기로 했다. 남편과 큰아이는 사진과 영상을 담당한다며 역할을 자처했다. 무서워서 못 하겠다는 말을 에둘러서 표현했다.

작은아이와 나는 신청서를 작성하고 번지점프대로 올라가는 엘리베이터를 탔다. 엘리베이터 안에는 인솔자 포함 6명이 탑승했다. 엘리베이터 철문 사이로 남이섬이 한눈에 들어온다. 남이섬 번지점프대는 우리나라에서 가장 높은 55M였다. 교관은 인간이 공포심을 가장 많이 느끼는 높이라며 설명을 덧붙였다. 엘리베이터에서 내리니 번지점프대 두 곳이 보였다.

번지점프 할 사람들이 두 줄로 서 있었다. 작은아이는 왼쪽 줄, 나는 오른쪽 줄에 섰다. 번지점프 하는 사람들을 보니 가볍게 뛰어내렸다. 쉬운가? 하는 생각이 머릿속을 스쳤다. 작은아이가 번지점프 할 차례다. 번지점프대 위에 안전 장비를 착용하고 교관 신호에 따라 쓰리, 투, 원, 점프!!! 작은아이가 뛰었다. 작은아이는 망설임 없이 줄에 몸을 맡긴 채

뛰었다.

　그 순간도 잠시 멀리서 귀에 익은 목소리가 들려왔다. 작은아이 우는 소리였다. 번지점프를 하고 나니 긴장이 풀리면서 안도감과 함께 울음이 터졌나 보다. 웃음이 나왔다. 마음속으로 '잘했다. 대단하다. 장하다. 멋지다.'라며 칭찬해 주었다. 작은아이는 호수에 있던 교관들의 지도하에 번지점프 장비를 풀고 안전하게 보트를 타고 아빠와 언니한테 갔다. 내 차례가 되어 번지점프대 위에 섰다. 교관은 번지점프대 위에 선 나에게 "멀리 보세요. 멀리 보세요."를 외쳤다.

　나도 모르게 발아래로 시선이 가고 말았다. 의지와 상관없이 떨리는 두 다리! 아무리 떨림을 멈추려 해도 멈추어지지 않았다. 결국, 두 번의 실패 끝에 세 번째 도전에서 번지점프에 성공했다. 번지점프는 작은아이와 함께한 의미 있는 '소망목록'이었다.

　소망목록 넷, '댄스에 도전하다.' 댄스는 오래전부터 배우고 싶었다. 예정보다 미뤄진 '소망목록'이었다. 책상에 오래 앉아 있어서 허리도 아프고 어깨도 굽는다. 나이가 들어갈수록 몸의 유연함과 자세가 중요하다. 무용을 오랫동안 한 지인을 보면 자세가 꼿꼿하고 몸 선이 예쁘다. 용기를 내어 댄스반에 등록했다. 유연함과 자세 교정, 운동까지 3박자가 된다고 하니 금상첨화다. 댄스반에서 나이가 가장 많은 큰 언니로 회원들은 30~40대다. 나이에 굴하지 않고 재미있게 댄스를 배우고 있다. 활력과 생동감이 넘치고 몸도 유연해졌다. 50분 동안 댄스 황홀경에 빠진다. 음악에 몸을 맡기고 춤추고 나면 몸속에 있던 스트레스, 불안, 두려움, 공포, 긴장들이 땀으로 다 배출된다.

'소망목록'을 활용하면 도전하는 일이 즐겁다. 도전에 두려움이 없다. 소망하는 것이라 중간에 어려움이 있어도 포기하지 않고 오랫동안 지속할 수 있다. '소망목록'은 과정의 즐거움과 결과물도 함께 만들어진다. 소망을 이루면 성취감도 맛본다. 다양한 소망목록으로 삶의 질도 높아지고 일상이 풍요로워진다. '소망목록' 활용은 도랑 치고 가재 잡고! 누이 좋고 매부 좋고! 일거양득이다.

즐거운 경험은 자유를 향한 도전과 모험의 순간을 계속하게 한다.

글로 감정을 치유하다

　기록의 시대다. 기록이 스토리가 되고 콘텐츠가 되고 자본이 된다. 적는 자만이 생존한다. 학교 다닐 때는 일기를 쓰기가 싫었다. 선생님께 보여주기 위한 글쓰기라 정성이 들어가지 않았다. 일기 글감도 매일 똑같은 내용이었다. 일상을 관찰하지 않으니 글감이 보이지 않았다.

　일기를 자발적으로 쓰기 시작한 계기는 엄마 돌아가시고 헛헛한 마음을 달랠 길 없어 낙서 같은 끄적거림이 시작이었다. 글쓰기 형식에 구애받지 않고 내 마음 쏟아내는 '감정 바구니'로 활용했다. 감정을 쏟아낼 곳이 필요했던 차라 엄마를 떠나보낸 슬픔과 사춘기를 동시에 겪어야 하는 여자아이의 상실감과 혼란이 가득 담겨 있었다.

　일기 쓰기에 집중해서 감정을 쏟아내고 나면 마음이 고요해졌다. 흙탕물 같았던 마음이 깨끗한 물로 정수되었다. 글쓰기를 하는 동안은 엄마

자궁 속처럼 편안했다. 엄마가 떠난 것도 잊어버리고, 사춘기 호르몬 불균형으로 인한 짜증도 사라졌다. 마음의 위안을 얻었다. 저녁이면 설레는 마음으로 일기장을 펼쳤다. 세상에 대한 불평, 불만, 부모에 대한 미움, 그리움을 차곡차곡 적어 내려갔다. 일기를 한참 쓰고 나면 막힌 코가 뻥 뚫린 것 같았다. 일기 덕분에 마음의 안정을 찾아갔다. 결혼을 하고 10대에 적은 일기를 펼쳐보았다. 부정적이고, 암울한 이야기뿐이었다. 불행했던 과거를 떠올리기 싫어서 일기장을 들춰보지 않았다.

"신에게는 아직 12척의 배가 있습니다.", "한산섬 달 밝은 밤에 수루에 혼자 앉아 큰 칼 옆에 차고", "구국의 충절로" 학교 다닐 때 읊조렸던 이순신 장군의 '난중일기'의 한 부분이다. 이순신 장군의 난중일기에 멋진 말은 고작 3%밖에 안 된다. 일기의 97%는 일상을 기록한 내용이다. 난중일기는 바람이 심하게 분다. 동풍이다. 비가 거세게 온다. 가족들과 음식 먹었던 이야기, 친구들과 장난친 이야기, 수다 떤 이야기, 장수들과 갈대밭 걸었던 이야기 등이다. 초등학생 수준의 일기인 날씨부터 적는 일상적인 내용이었다. 임진년에 시작된 난중일기가 정유년에 가면 일기 내용이 달라진다. 이순신 장군이 깨닫기 시작한 것이 보인다.

"부하들이 말을 안 들어서 지휘관으로서 능력이 없구나!" 하며 지휘봉을 던진다. "나는 병법에 문외한이다."라는 내용이 나온다.

일기를 쓰기 시작한 10대에는 부정적인 감정만 쏟아냈다. 일기에는 꿈이나 목표에 대한 세부 계획이나 실행계획은 없었다. 20대에 다이어리로 바꾸었다. 현재 보관 중인 다이어리를 살펴보면 10대의 일기의 부정적인 내용에서 긍정적인 내용으로 바뀌어 가는 것을 확인할 수 있었다. 환경은 같았지만, 부정적인 상황을 긍정적으로 해석한 부분이 다른 내용이다.

다이어리 첫 장에는 그해의 목표가 적혀 있었다. 세부적으로는 월별, 주별, 일별의 계획이 적혀 있었다. 일기와 다이어리를 오랫동안 적다 보니 나에 대해 성찰하게 되었다. 자신에 대해 질문하고 답하고, '좋아하는 것! 하고 싶은 것! 가장 소중한 것!'을 적었다. 나를 찾아가는 길이었다. 다이어리에는 목표, 좋은 일, 성공한 일, 행복한 일, 감사한 일, 버킷리스트가 담겨 있었다. 10대에 적은 일기는 감정을 쏟아내는 도구에 불과했다면 20대 다이어리는 작은 목표라도 하나씩 이루어 나갔다. 일기와 다이어리의 차이점이다. 다이어리를 쓰면서 인생에 변화가 나타났다.

다이어리만큼 메모도 중요하다. 인간의 기억력은 한계가 있지만, 메모하면 잊어버리지 않는다. 실수할 일을 최소화할 수 있다. 생각을 정리하고 구체화할 수 있다. 인생의 분명한 목표와 사명으로 자리 잡는다. 목표 우선순위를 정하여 실천으로 이어 나갔다. 평범한 일상, 중요한 일, 생각이나 감정을 다이어리에 남겨두는 것이 중요하다. 일상에서 행복을 찾고 그것을 기록해야 한다.

글쓰기를 하면서 치유를 받았다. 돌덩이 같았던 마음이 부드러워졌다. 사람을 대하는 것도 차가운 유리처럼 방어했다면 글쓰기를 하면서 상대를 감싸줄 여유도 생겼다. 예전 같으면 화냈을 일도 그럴 수 있지! 라며 고개를 끄덕인다.

글쓰기 전에는 세상에서 내가 제일 불행한 줄 알았다. 세상에서 제일 힘든 사람이 난 줄 알았다. 세상에서 제일 가엾다. 불쌍하다. 생각했다. 글쓰기를 하면서 깨달았다. 지금 자리가 얼마나 귀하고 감사한지를 알았다. 글을 쓰면서 내가 가진 것이 얼마나 많은지 깨달았다. 지금 자리가 꽃 자리인 것을 알았다. 나를 둘러싼 주변 환경이 고맙게 여겨졌다. 글쓰기를 하다 보니 자신을 돌아보고 감사한 마음이 배가 된다. 글쓰기 나이만큼 마음도 성숙해졌다. 글쓰기를 꾸준히 하면서 삶의 방향이 명확해진다. 마음의 내공이 쌓여 주변의 소리에 휘둘리지 않는다. 감사 일기, 감정 일기, 행복 일기를 꾸준히 기록한다. 매일 역사를 기록하고 행복한 기억으로 무장한다.

글쓰기 시간은 생각하고, 쓰고, 실행하는 3단계를 거친다.

1단계, 생각하는 동안에는 '철학자'가 된다. 내 삶에 대해, 자신에 대해 질문하고 답을 구한다. 관찰자가 된다. 나를 보고, 다른 사람을 보고, 사물 즉, 나무, 자연, 하늘, 아스팔트, 민들레를 본다.

2단계, 글쓰기 시간은 '기획'하는 시간이다. 내 목표를 이루기 위해 얼마나 구체적으로 쓰느냐가 관건이다. 큰 목표부터 작은 목표, 세부적 목표로 적어야 한다. 상세하게 적을수록 좋다.

3단계, 글쓰기 마지막은 '행동'하는 것이다. 집행하는 것이다. 실행의 주인공은 바로 나다.

글 쓰는 시간은 나에게 말하는 시간이다. 나와 진솔한 대화를 나누는 시간이다. 쓰는 사람이 강하다는 메커니즘은 많은 연구 결과를 통해 밝혀졌다.

자신만의 스토리를 위해 난중일기를 적어야 한다. 글쓰기를 하면 어벤져스처럼 결연한 의지와 놀라운 위기 극복 능력을 갖춘다. 역사상 가장 많이 적었던 분은 이순신 장군, 록펠러, 카네기 순이다. 위인이 되고 싶은가? 그렇다면 오늘부터 적어보자! 우리들의 '난중일기'를.

5

삶의 가르침은 끊임없이 주어진다

'타산지석'과 '반면교사'는 생활 속에서 자주 사용하는 사자성어다. '타산지석'과 '반면교사'는 비슷한 뜻이라 혼동되기도 하고 같은 뜻으로 알고 있기도 하다. '타산지석'은 다른 사람의 언행을 보고 배우면 자신에게 도움이 될 수 있다는 뜻으로 다른 사람의 말과 행동을 보고 교훈으로 삼으라는 것이다. '반면교사'는 좋지 않은 사례에서 가르침을 받아 자신에게 도움이 되도록 하자는 뜻으로 사용된다. '타산지석'이 좋은 일이든 나쁜 일이든 교훈을 얻는 뜻으로 오랫동안 사용되어왔다. '반면교사'가 등장하면서 나누어 사용하고 있다. 좋은 일을 본받을 때는 '타산지석'을 사용하고, 좋지 않은 일인 경우는 '반면교사'를 사용한다. 지인이 시작만 하면 끝까지 해낸다면 '나도 시작하면 끝까지 해야지.'라고 배우는 것은 '타산지석'이다. 지인을 만나면 상대방 험담을 늘어놓아 불편하다면 '나는 저렇게 안 해야지.'라고 하는 것은 '반면교사'다.

삼인행 필유아사언, 세 명이 길을 걸어가면 그중 한 명은 반드시 나의 스승이 있다는 뜻이다. 인생길에서 누구를 만나더라고 반드시 배울 점이 있다는 말이다. 인생을 살아가면서 모래알 같은 만남을 가진다. 공적인 만남이든, 사적인 만남이든 사람을 통해 영향을 주고 영향을 받는다. 사람을 통해 배우는 것을 좋아한다. 세상 경험을 다 해볼 수 없기에 타인의 경험을 통해 배우고자 한다. 내 삶에 적용하고 성찰한다. 성찰을 통해 '타산지석'으로 배울 점은 무엇인지? '반면교사'로 버릴 점은 무엇인지? 생각한다. 좋은 점, 훌륭한 점, 본받을 점은 타산지석으로 삼는다. 잠실 교보 저자사인회에 참석했다. 글쓰기 수업에 참여한 후 오프라인 모임은 처음이었다. 저자사인회가 처음이라 낯설었는데 작가들은 따뜻하게 맞아주었다. 잠실 교보에 온 작가들은 나에게 먼저 손을 내밀어 주었다. 작가들이 지인처럼 편안하게 대해줘서 다음에 또 가고 싶은 마음이 생겼다. 주말이라 개인적인 일도 있을 텐데 출간기념회 저자사인회에 마음을 내준 작가들이 고맙다. 작가들에게 공동체 의식과 태도를 배운다. 대인관계의 배려를 배운다.

글쓰기 수업에서 강한 동기부여를 받는다. 인생 선배, 동년배, 미혼, 어린이 작가까지 다양한 연령대와 직업군이 분포되어 있다. 글쓰기라는 공동의 목표를 가지고 모인 사람들이다. 글쓰기 등록 후 3년의 휴식기를 가지고 이번에는 꼭 쓴다는 각오로 수업에 임한다. 작가들과 몇 개월을 함께하니 정이 든다. 수업 시간에 온라인 화면으로 미소를 보낸다. 눈빛으로 인사말을 건넨다. '작가님! 한 주 잘 보내셨어요?', '반갑습니다.' 그리곤 수업에 집중한다. 작가들이 수업에 집중하는 모습을 보고 배운다. 수개월 동안 빠짐없이 수업에 참여하는 작가들을 보고 근면. 성실을 배운다. 동료 작가 출간 소식에 축하 글을 남기는 작가들에게서 진정성과 따스함을 배운다.

글쓰기 수업을 이끌어가는 대표 작가의 모습에서 주는 사랑이 무엇인지를 배운다. 글쓰기 수업이 성장할 수밖에 없는 이유가 있었다. 대표 작가는 말과 함께 직접 실천한다. 강의 내용을 입으로만 전달하는 것이 아니라 온몸으로 실천하는 아낌없이 주는 나무와 같다. 자신을 태워 어둠을 밝히는 양초와 같다.

잘 되는 사람은 잘되는 이유가 있고, 안 되는 사람은 안 되는 이유가 있다는 것을 확인할 수 있었다. 글쓰기 수업을 듣고 있으면 추운 겨울날 따뜻한 아메리카노 한 잔을 마신 기분이다. 아메리카노가 식도를 타고 온몸 혈관을 통해 온기를 퍼트린다. 행복하다.

A 사장은 건설업체를 경영하고 있었다. 주변 지인 중 현금 보유가 가장 많은 소위 말하는 부자다. A 사장과 모임을 같이 하며 부자들의 습관에 대해 배웠다. 부자들은 시간이 많아 늦잠 자고 쇼핑이나 하면서 종일 여유로운 생활을 한다고 생각했다. 결론부터 말하자면 아니다. 아침 일찍

일어나 운동으로 하루를 시작한다. 24시간 중 단 1초도 허투루 시간을 낭비하지 않는다. 시간을 밀도 있게 쓴다. 점심 식사도 가성비 좋은 식당을 찾아다닐 정도로 적은 금액의 지출도 꼼꼼히 따져본다. 쇼핑도 꼭 필요하지 않으면 안 한다. 보통 사람들보다 더 검소하고 알뜰한 생활을 한다.

'스노우폭스 김승호' 회장은 1조 자산가로 『돈의 속성』의 저자다. 부자가 되고 싶으면 부자 일상을 보라고 말했다. 30억 부자가 되고 싶으면 30억을 가진 사람의 일상을 살펴보라고 했다. 30억 부자를 두고 일반인들은 종일 빈둥거리고 레스토랑 가서 비싼 요리 시켜 먹고 쇼핑한다고 생각한다. 하지만 부자들은 돈을 잃지 않고 지키기 위해 끊임없이 고민한다. 어떻게 하면 돈을 복리로 불릴지에 대한 방법만 궁리한다.

가난한 사람들은 어떠한가? 돈이 생기면 소비할 계획부터 먼저 세운다. 여행가고, 레스토랑 가서 식사하고, 명품을 산다. 부자는 재산을 지키기 위해 치열하게 삶을 분배한다. 부자의 일상을 배운다.

B 회장은 어렵게 사업을 일구어 지금의 자리까지 왔다. 동종업종에서는 유일무이 여성회장이다. B 회장의 근검절약은 소문이 자자하다. 명품은 관심도 없고 식사도 비건으로 간소하게 먹는다.

B 회장이 좋아하는 유일한 취미는 골프다. 골프 모임에서 회원자격으로 알게 되었다. 골프 실력은 아마추어 대회에서 수상을 여러 번 할 정도로 대단한 실력이다. 100타 치는 나와는 비교 불가다. 골프 경기는 비슷

한 타수끼리 한 팀을 해야 재미있다.

어느 해 월례회 모임에서 회원 중 한 명이 모친상을 당해 참석하지 못하는 상황이 발생했다. 회원의 개인 사정으로 인한 참석 불가로 팀 편성을 추첨으로 B 회장과 한 팀이 되었다. 골프 시작한 지 얼마 되지 않았고 연습장만 열심히 다니고 있을 때라 필드 경험은 적었다. 부담은 되었지만 즐기기로 했다.

게임 규칙은 세 번째 홀까지는 동반자 실력을 파악하고 네 번째 홀부터 게임을 하기로 했다. B 회장과 게임 할 실력은 안 되지만 참가에 의의를 두고 즐기기로 했다. 자연 속에서 스트레스도 해소하고 친목 도모 차원으로 승부보다는 동반자 관계에 의미를 두었다. B 회장은 두 번째 홀까지 묵묵히 동반자들을 관찰했다. 세 번째 홀 그린에서 내가 마무리 퍼트를 할 차례였다.

B 회장이 일침을 가한다. "옥 교수! 다른 사람 눈치 보지 말고 퍼트에만 집중하세요. 급하게 마무리하지 않아도 됩니다. 골프 치는 거 보면 알 수 있어요. 치열한 경쟁 사회에서 다른 사람 편의만 봐줘서 되겠어요? 승부 근성이 있어야지요."

내가 게임 성적도 안 좋고 동반자한테 피해 주기 싫어서 퍼트를 급하게 마무리한다는 것을 눈치챘다. 상대방을 알려면 고스톱과 골프를 해보면 된다는 말이 있다. B 회장은 동반자가 실력이 부족해도 기다려 주어야 한다는 배려의 마음을 알게 해주었다.

글쓰기 수업에서 작가들에게 태도와 배려를 배웠다. A 사장에게 검소함을, B 회장에게 골프와 대인관계를 배웠다. B 회장이 사업을 잘하는 이유가 있다. 골프는 자신한테 엄격한 운동이다. 자신에게 지나칠 정도로 엄격하지만, 좋은 일도 많이 한다. B 회장은 '기부 천사'이다.

빌 게이츠는 "가장 불만에 가득 찬 고객은 가장 위대한 배움의 원천이다."라고 말했다. 고객 불만 사항을 서비스로 개선하여 충성고객으로 만든다면 영업 비밀을 배운 것이다. 일상이 배움의 장이다. 부정적인 면은 '반면교사'로, 긍정적인 면은 '타산지석'으로 삼으면 일상이 성장의 날이 된다. 언제 어디서나 배우고자 하는 삶을 산다면 최고의 삶은 아니라도 최선의 삶은 살 수 있다.

평생학습의 세 가지 스텝

평생학습은 삶의 질 향상을 위해 필요하다. 태어나서 죽을 때까지 이루어지는 학습으로 목표를 설정하고 달성하기 위해 주체적 학습자로 활동한다. 학습에 대한 욕구를 가지고 학교에서만 배우던 것을 학교 밖 다양한 곳에서 배운다. 지금의 시대는 배우면서 지식을 활용하는 시대다. 21세기 학습은 개인의 삶 전 과정에 걸쳐서 이루어지는 것으로 확대된다.

인간만이 미완성 존재로 태어난다. 태어나는 순간부터 학습은 시작된다. 부모의 지극정성 보살핌을 받으며 학습은 계속된다. 영아의 학습은 시각, 청각, 촉각, 미각, 후각 등의 오감으로 한다. 모빌의 움직임 따라 눈동자가 따라간다. 강아지, 고양이, 다정한 엄마 목소리를 귀로 듣고 구별한다. 주전자의 뜨거움을 촉각으로 느꼈다면 다시는 근처에 가지 않는다. 학습으로 위험하다는 것을 인지했기 때문이다. 짠맛, 단맛, 신맛을 혀로 느끼고 표정으로 보여준다. 인간은 동물과 다르게 학습시간이 오래 걸린다.

제주도에서 망아지가 태어나는 걸 본 적이 있다. 망아지는 태어나자마자 일어서기를 시도하며 몇 번 비틀거리더니 금세 걷는다. 잠시 후 폴짝 폴짝 뛰어다닌다. 사자, 호랑이도 태어나자마자 어미가 혀로 몸을 훑아 주면 독립적으로 걷는다.

인간만이 걷기까지 오랜 시간이 걸린다. 아기는 태어나면 누워만 있다. 다음 단계는 목을 가누고 몸을 뒤집는다. 배밀이를 하다가 앉는다. 물건을 잡고 일어서다가 혼자 서게 된다. 혼자서 비틀비틀 걷기를 시작한다. 몇 날 며칠 동안 넘어지기를 반복한다. 그러던 어느 날 아빠가 두 팔을 벌리고 아이를 맞이할 준비를 한다. 아이는 아빠한테 한 걸음, 한 걸음 넘어질 듯, 넘어질 듯 걷다가 아빠의 품에 안긴다. 아이의 첫걸음마는 부모들에게 역사적인 날로 기억된다. 기쁨과 환희의 순간이다. 아이를 키워 본 부모라면 걸음마를 한 그날의 가슴 벅참을 잊을 수가 없다. 아이가 걷기까지 수많은 발달 단계가 있다. 아이는 독립적으로 살아가기 위해 대·소변 가리기, 숟가락 잡기, 젓가락 잡기, 혼자 밥 먹기, 옷 입기, 신발 신기, 이 닦기 등을 단계별로 학습해 나간다.

아이의 발달에 단계가 있는 것처럼 평생학습도 3단계가 있다. 1단계, '경험학습', 2단계, '전환학습', 3단계, '확장학습'이다.

1단계, '경험학습'이다.

경험학습은 학습자의 능동적인 참여와 반성적 사고를 통해 이루어진다. 듀이(Dewey)는 반성적 사고를 "문제를 마음속에 간직하고 신중하게 심사숙고하는 탐구적 사고"라고 정의했다. 콜브(Kolb)는 경험학습을 "경험의 전환을 통해 지식을 창조해 가는 과정"이라고 설명했다. 학습자가 구체적인 경험에 대한 분석적 관찰과 반성을 통해 추상적 개념화를 시도하고, 이를 바탕으로 새로운 행동을 시도하면서 행동 변화와 성장이 일어나는 것이다. 따라서, 경험학습은 단순한 경험이 아니라 그 경험을 반성하고 새로운 지식으로 전환하는 과정이 중요하다. 이를 통해 학습자는 행동 변화와 성장을 이루어 낼 수 있다.

경험학습은 유아, 어린이, 청소년, 성인, 중장년, 노인을 지나 죽을 때까지 이루어진다. 개인의 환경에 따라 차이가 있고 누적이 된다. 외동딸로 태어난 친구와 다자녀 가정에서 자란 나와는 경험학습에 차이가 있다. 친구는 대인관계를 힘들어하지만, 형제자매가 많은 나는 친밀감 있게 대인관계 형성을 잘한다. 개인의 환경과 경험의 차이에서 오는 학습이다.

초등학교, 중학교, 고등학교, 대학교, 대학원 등의 학력에 따른 개인차도 있다. 경험학습은 태어나는 순간부터 자의든 타의든 누적된다. 경험학습에서 중요한 것은 자발적 선택에 의한 학습이다. 개인이 경험하고 싶은 것은 스스로 선택한다. 경험학습을 통해 인간은 성장하고 발전한다. 학습자의 경험은 새로운 지식생산이다. 학습자원을 자기 경험으로 사용한다. 진정한 의미의 교육은 경험으로부터 누적된다.

모든 경험이 교육적이지 않고 실제 불필요한 경험도 있다. 경험은 교육적일 때만 경험학습으로 본다. 불필요한 경험들은 성장을 방해하고 도전의 기회를 놓친다. 그러나 어떤 경험이 교육적인지 판단하기는 어렵다. 경험학습이 필요한 경험인지 불필요한 경험인지 분별할 줄 아는 통찰력을 길러야 한다. 경험은 항상 개인과 환경의 상호작용으로 이루어진다.

2단계 '전환학습'이다.

전환학습은 과거에 배운 지식을 그대로 사용하는 것이 아니라, 변화에 따라 지식을 전환해야 한다. 인간은 관성의 법칙에 따라 학습한 것을 그대로 사용하고자 한다. 인간은 변화를 본능적으로 불편해한다. 익숙함에 의한 편리함 때문이다. 인간은 경험학습 한 것을 습관적으로 하면서 살아간다.

하지만, 시대의 변화에 따라 개인의 경험을 재해석하고 재구성해야 한다. 과거의 성공이 미래의 성공을 보장해 주지 않는다. 시대가 변하면 과거의 가치판단, 믿음, 지식을 모두 전환해야 한다. 시대의 변화를 두려워할 것이 아니라 받아들이고 직면해야 한다. 변화는 나만의 변화가 아니라 모든 사람이 똑같은 변화를 겪는다. 미래를 내다보면서 학습해야 한다.

대학에서 학생들에게 강조하는 부분이다. 학교에서 학습한 내용은 사회인이 되었을 때 그 시대에 맞게 전환해서 사용해야 한다. 교수자도 일방적인 정보전달식 강의에서 학생들과 함께 소통하고 체험해야 한다. 학기마다 새로운 교수법으로 전환해야 한다.

3단계 '확장학습'이다.

확장학습은 경험학습과 전환학습을 지속하기 위한 비판적 성찰이다. 학습을 지속하기 위해 성찰해야 한다. 비판적 성찰은 자기 경험에 대해 생각하거나 살펴보는 것이다. 경험학습에 영향을 미치는 잠재된 신념과 가치를 점검해야 한다.

Mezirow의 세 가지 형태의 성찰은 다음과 같다.

첫째, '내용 성찰'로 실제 경험 자체에 대해 생각한다.

둘째, '과정 성찰'로 경험을 한 후 문제해결 방법에 대해 생각한다.

셋째, '경험 혹은 문제에 관해서 오랫동안 갖고 있던 신념과 가치를 점검'하는 것이다.

또한, 성찰하는 과정에서 자신의 학습유형을 아는 것이다. 학습유형에 따라 경험학습과 전환학습을 선택해야 한다. 학습유형은 장 의존형 학습자와 장 독립형 학습자로 나뉜다. 장 의존형 학습자는 집단지향적이며 협동 학습을 좋아한다. 교재는 자세하게 설명된 것을 좋아한다. 주변의 인정에 따라 반응한다. 착한 학생으로 어른들 말에 순응하며 규칙. 규정을 좋아한다. 장 의존형 학습자는 수동적인 학습을 한다. 장 독립형 학습자는 문제해결에 막힘이 없다. 전체 일의 윤곽을 잘 잡는다. 나무보다 숲을 보며 변화되는 상황을 즐긴다. 독립적인 학습환경을 좋아하고 질문이 많다. 장 독립형 학습자는 자기 주도적인 학습을 한다.

사람은 수많은 경험을 하며 일생을 살아간다. 경험이 학습으로 연결될 수 있는 선택을 해야 한다. 일회성 경험이나 후회로 남는 경험은 지양해야 한다. 학습 결핍의 경험을 했고 사회인으로 살아가기 위해서 학습이 필요했다. 학습을 시작했고 대학원은 미래 변화를 생각하면서 평생교육을 선택했다. 미래는 고령화, 저출산, 기후 위기, 경제위기, 환경 위기의 시대다. 위기의 시대는 학습이 중요하다. 평생교육이 필요하다. 경험학습은 시대의 변화에 따라 전환학습을 해야 한다.

강의 대상을 확장한다. 유아, 대학생, 성인에서 실버세대까지 포함한다. 노인복지와 라이프스타일에 관심을 가지고 확장학습을 한다. 내가 경험한 평생학습을 독자들에게 글로써 전하고 싶었다.

7

미약한 성취의 큰 성공

서울에 눈이 내렸다. 남쪽 지방 눈 구경은 하늘의 별 따기만큼 어렵다. 올겨울 역시 이상기온으로 비가 많이 내렸다. 서울에 함박눈 내리는 소식을 접하니 어린 시절 추억이 생각났다. 내 고향은 겨울에 춥기도 하고 눈도 많이 내렸다. 겨울이 되면 마을 앞 저수지가 얼었다. 저수지 얼음이 두꺼워서 어른·아이 할 것 없이 모두 나와 스케이트를 탔다. 마을에 눈이 내리면 녹지 않고 쌓인 채로 오래 있었다. 겨울철 시골에는 장난감도 없고 놀거리가 많지 않았다. 눈이 오면 눈사람 만들기는 하나의 놀이요. 장난감이었다. 눈사람을 처음 만들 때는 실패를 한다. 눈사람 완성까지는 여러 번의 시행착오를 겪는다. 동네 언니·오빠들이 만드는 것을 보고 따라 만들었다. 눈사람 만들기는 몇 번의 실패를 거친 후 성공했다. 눈사람 만들기를 한번 성공하면 자신감도 생기고 지루한 겨울방학 중 즐거운 놀이가 되었다. 눈사람을 만드는 순서가 있다.

첫째, 손바닥 위에 눈을 쌓으며 동그랗게 꾹꾹 눌러준다.

둘째, 주먹 크기의 눈 뭉치가 되면 바닥에 놓고 굴린다. 눈사람 얼굴 크기와 몸통의 크기가 될 때까지 굴려준다.

셋째, 눈 뭉치는 눈사람 얼굴과 몸통 두 개를 만들어야 한다. 눈사람 얼굴은 작게, 눈사람 몸통은 얼굴 크기의 5배에서 10배 크기로 만든다. 동그랗게 굴린 눈 뭉치 두 개가 만들어지면 눈사람을 세울 바닥을 평평하게 고른다.

넷째, 눈사람 몸통의 눈 뭉치 위에 얼굴 눈 뭉치를 올린다. 눈사람이 넘어지지 않게 균형을 맞춘다.

다섯째, 눈사람에게 목도리 해주고, 모자도 씌워준다. 눈썹은 숯으로, 눈은 솔방울로 코와 입은 나뭇가지를 붙인다.

눈사람이라는 멋진 작품이 탄생했다.

다이어리에 일정을 적기 시작하면서 일정에 벗어난 일을 한 적이 거의 없다. 일정표에 적힌 우선순위대로 일을 처리했다. 계획대로 실행했고 성장했다. 다이어리의 계획대로 실천하는 건 좋지만 융통성이 없다는 소리를 듣기도 했다. 일정에 없는 일이 생기면 우왕좌왕 스트레스를 받았다. 현재는 여유롭게 일 처리하는 요령도 늘었다. 하지만 여전히 일정표에 적힌 것은 무슨 일이 있어도 그날 마무리하고 내일로 미루지는 않는다. 계획을 세울 때 오늘 할 수 있을 만큼만 세웠다. 욕심내지 않고 하루

계획된 일만 해도 작은 성취감은 느낄 수 있었다. 자존감이 올라가면서 또 다른 계획을 세우고 도전했다.

중학교·고등학교 자퇴 전 까지는 존재감 없는 학생이었다. 선생님에게 인정받지 못하고 따뜻하게 대해주는 사람도 없는 학교는 재미없고 따분한 곳이었다. 도전한 것도 없기에 성취감을 느껴본 적도 없다. 자발적으로 찾아간 방송통신고등학교의 생활은 작은 성취의 시작이었다. 선생님의 인정도 받고 학우들의 보살핌으로 학급 임원도 하고, 봉사활동도 했다. 선생님은 내 이름을 불러주었고, 웃어주었고, 칭찬도 많이 해주었다. 인정을 받으니 더 열심히 했다. 전국 청취록대회 '최우수상'을 시작으로 교과우수상, 창원 시장상, 공로상도 받았다. 작은 성공 경험은 학습의 재미를 알게 해주었다. 박사까지 해낼 수 있었던 이유는 방송통신고등학교에서의 작은 성공 경험이었다.

대학은 유아교육과에 입학했다. 주간 학부에 등록할까? 야간 학부에 등록할까? 잠시 고민을 했지만, 주간 학부 수업을 듣기로 했다. 미래를 위해 실력 쌓는 것을 우선순위로 했다. 준비만 되어 있으면 일은 언제든지 다시 시작할 수 있다고 생각하고 학업에만 집중했다. 학령기 학생들보다 나이가 많아 적응에 어려움도 있었지만, 똑같이 수업 듣고 과제도 했다. 유아교육과 특성상 팀별 활동이 많아 학교에서 늦게 귀가하는 일이 비일비재했다. '만학도'라서 등의 핑계는 대지 않고 모든 학교행사에 적극적으로 참여했다. 유치원 현장 수업에 필요한 피아노도 배우고 다양한 자격증과 수료증도 섭렵했다. 졸업 때까지 근면, 성실하고 책임감 있는 학교생활을 했다. 교수님과 학우들이 도와준 덕분으로 졸업할 수 있었다. '나는 할 수 있다'라는 자신감이 붙었다.

석사과정 중에 학습과 기업강의와 대학강의를 동시에 하면서 바쁘게 지냈다. 대학원 수업은 매주 토요일로 주말 시간을 할애했다. 주중에는 외부 기업체 강의, 학교 강의, 강의 준비까지 일정이 빠듯했다. 대학원을 가야 하는 주말 아침 늦잠을 자고 싶지만 마음을 다잡았다. 강의를 잘하기 위한 배움의 물리적인 시간은 필요했다. 미래를 위해 준비하는 시간으로 대학원 공부를 즐겁게 했다. 팀별 과제도 동기들과 돈독한 관계 덕분으로 잘할 수 있었다.

석사 졸업 인증으로 보고서와 논문 둘 중 하나를 선택해야 했다. 보고서는 분량도 적고 논문보다 부담이 훨씬 적다. 하지만, 보고서는 박사과정 등록 자체가 안 되고 논문을 써야만 박사과정 등록이 가능했다. 논문을 쓰고 박사과정에 등록했다.

박사를 수료하고 졸업논문 중간발표 두 달을 앞두고 건강 이상 신호가 감지되었다. 건강을 돌보지 않고 앞만 보고 달렸더니 몸이 신호를 보냈다. 몸을 토닥토닥 해주며 잘 데리고 가야 한다. 정신력으로 버티는 의지와 함께 육체가 건강해야 한다. 예방이 최고의 명약이지만, 예방이 늦었다면 몸이 신호를 줄 때 한 박자 쉬기로 했다. 의사 선생님은 휴식을 취하라며 친절히 알려 주었다. 몸의 회복을 위해 잠깐 숨 고르기하고 다시 논문 쓰기에 몰입했다. 목표한 마감 기한보다 6개월 늦어졌지만, 박사를 졸업했다.

주변 사람들은 나를 보고 '근자감'이라 부른다. 근거 없는 자신감! 외적으로 보기에 평범한데 당당함과 자신감이 있다며 자존감이 높다고 한다. 이유가 뭘까 생각해 보았다. 내가 자존감이 높은 이유는 큰 목표든 작은 목표든 나와의 약속을 지키는 습관이 있다. 목표로 세운 건 실천하고 이루어 낸다. 자신과의 약속과 목표를 이루는 내가 자랑스럽다. 작은 성공 경험들이 자존감을 높였다.

박사에 도전할 수 있었던 건 이전의 작은 성취 경험이었다. 박사 논문을 쓰며 남아 있는 마지막 몸속 에너지를 쏟았다. 논문의 하얀 여백은 나에게로 와서 흰 머리가 되었고 내 검은 머리카락은 논문의 검은 글자가 되었다. 우리는 그렇게 서로에게 가장 소중한 것을 주고 미약한 성취 경험을 넘어 큰 성공을 이루어 냈다.

큰 눈사람을 만들려면 작은 눈 뭉치부터 만들어야 한다.

인생 변화의 10년의 법칙

추석 연휴 가족들과 시간을 보내고 혼자만의 시간도 가졌다. 가을맞이 대청소도 하고 등산도 했다. 등산은 집 근처에서 가장 높은 산 100대 명산인 '무학산'을 다녀왔다. 신혼 초 건강을 되찾기 위해 매일 오르던 산이다. 건강을 되돌려 준 고마운 산이기도 하다. 추억을 더듬으며 천천히 발걸음을 옮겼다. 산길을 오르니 지나간 시간이 주마등처럼 스쳐 지나간다. 시간을 거슬러 가다 보니 어느새 정상이다.

정상에서 도시 전경을 내려다보았다. 제2의 고향. 결혼하고 아이 키우고 집 장만하고 박사까지 마친 좋은 일을 많이 안겨준 고마운 도시다. 도시의 모습은 예나 지금이나 달라진 게 없다. 도시 전체를 보다가 시선이 한곳에 머문다. 예전 살던 동네가 눈에 들어왔다. 어떻게 변했는지 궁금했다.

하산 길에 예전 살던 동네 재래시장을 갔다. 시장은 정비가 되어 깔끔하게 다시 태어나 있었다. 반찬가게, 식육점, 마트, 떡집, 옷집 품목별로 정리되어 있었다. 아이들과 시장에 오면 라면과 떡볶이를 먹었던 분식집이 아직도 있었다. 외관은 바뀌었지만 같은 위치에 상호도 ○○분식 그대로였다. 시장 전체 휴무일이라 문은 굳게 닫혀 있었다. 옛날 치킨집도 보였다. 일주일에 한 마리씩 사 먹을 정도로 남편이 좋아하는 옛날 통닭이다. 옛날 통닭은 깨끗이 씻은 생닭에 양념을 골고루 바른다. 몇 시간 숙성시킨 후 열이 오른 기름에 통째로 넣고 튀긴다. 초벌로 한번 튀겨서 기름을 뺀 후 주문이 들어오면 다시 노릇노릇하게 튀겨낸다. 기름을 뺀 통닭은 노란 서류봉투에 담아 준다. 김이 모락모락 날 때 닭다리 하나 뜯어서 맛소금에 찍어 먹는다. 겉은 바싹하고 속은 촉촉하다. 입안에 침이 고이지만, 다음에 와서 먹기로 하고 발걸음을 재촉했다.

아파트 재건축으로 동네 분위기가 바꼈다. 상가도 새로 생겼고 오피스텔, 원룸도 신축이다. 아이들이 다니던 초등학교로 발길을 옮겼다. 아파트 대단지 입주로 학생들이 늘면서 학교도 증축했다. 정문을 지나 운동장을 천천히 걸었다. 1학년 교실부터 6학년 교실을 멀리서 바라보았다. 아이들 웃음소리가 귓전에 들리는 듯했다. 초등학교 다닐 때 아이들과 추억 소환에 저절로 얼굴에 미소가 번진다. 추억 속에서 헤엄치며 생각에 빠져 있을 때 나를 부르는 소리가 들린다. 뒤돌아보았다. 큰 눈망울로 손뼉을 치며 내게로 왔다.

"○○ 엄마 맞죠?"

"네! 맞습니다. 누구신지?"

"○○ 피아노예요!"

"어머나~ 원장님! 맞네! 아직도 여기 살아요? 잘 지내셨죠?"

"네! 얼마만이에요? 10년이 지났네! 정말 반가워요."

"어떻게 저를 알아보셨어요?"

"단번에 알아보겠던데요. 가끔 궁금했어요. 교수님 되고 강의한다는 소문은 듣고 있었거든요. 아이들 키우면서 공부하고 열심히 살더니 정말 잘 됐어요."

"아닙니다! 운이 좋았어요. 그때 많이 도와주셨잖아요. 제가 늦으면 아이들 밥도 사주고. 감사합니다! 덕분입니다! 다음에 아이들과 함께 올게요."

피아노 원장과 재방문 약속을 하고 집으로 돌아왔다. 벤저민 하디 작가의 책『퓨처 셀프』는 미래를 가치 있게 바꾸고 싶다면 현재를 '미래의 나'와 연결하라고 했다. 사람들은 과거와 현재만을 생각하고 살아간다. 과거의 선택으로 현재의 내가 있다고 생각한다. 맞는 말이다. 하지만, 저자는 미래의 나와 연결될수록 지금 더욱 현명한 결정을 내릴 수 있다고 한다. 명강사로 활발하게 활동하는 모습을 생생하게 그렸다. 명강사가 되기 위해 할 수 있는 것들을 찾고 배우기 시작했다. 미래의 모습과 관련 없는 무의미한 것들은 과감히 포기했고 삭제했다. 10년 뒤 내 꿈을 이루어 줄 일상의 선택과 행동을 현재에 했다.

　기업교육 강사가 되기 위해 가장 먼저 배운 것이 웃음치료사였다. 사우스웨스트 항공사의 펀 워킹이 성공사례가 되면서 붐이 일었다. 기업교육에서도 펀 워킹이라는 주제의 강의 요청이 많았다. 기업체 강의 의뢰시 '재미있게 해주세요.'가 요구사항 1위였다. 학습자에게 재미와 의미의 교육을 전달하고 싶다는 마음으로 웃음치료사 과정을 수강했다. 웃음치료사는 3개월 과정으로 주 1회 수업이었다. 오프닝 박수, 스트레칭기법, 박장대소, 레크레이션 체조, 노래와 함께하는 율동으로 구성되었다. 웃음치료사 3개월 과정을 수료했다. 초보 강사에게는 한 줄 경력이 중요하다. 경력을 하나씩 채워 나갔다.

　학사가 최종 학력이라 강사를 하기 위한 학력 보완이 필요했다. 교육대학원과 MBA 과정을 동시에 등록했다. 교육대학원 수업은 5차수로 2년 6개월 과정이었다. 매주 토요일 아침 아홉 시부터 오후 여섯 시까지 수업했다. MBA 과정은 1년 과정으로 매주 화요일, 목요일 일곱 시부터 아홉 시까지 수업했다. 교육대학원이 학력 보완이라면, MBA 과정은 인맥 형성과 대한민국 최고의 명강사 강의를 들을 수 있다는 장점이 있었다. 강의를 시작하는 나에게 두 과정 모두 도움이 되었다. MBA 과정은 1년 뒤 수료했다.

　2년 6개월 뒤에는 석사를 졸업하고 박사과정에 등록했다. 박사과정은 일반대학원으로 화, 목 저녁 여섯 시부터 열 시까지 수업이었다. 박사 수업은 주중에 듣고, 교육대학원을 졸업한 토요일은 이미지메이킹 과정을 등록했다. 이화여대에서 운영하는 과정이었다. 토요일 오전 아홉 시에 KTX에 몸을 싣고 창원 중앙역을 출발하면 서울역에 12시 20분에 도착했다. 이화여대는 지하철보다 버스가 이동이 편리했다. 이미지메이킹은 이론 수업과 실기 수업을 병행했다. 이미지메이킹의 이론과 관련된 개인 이미지 진단, 패션진단, 워킹, 체형분석을 배웠다. 종강을 하기 2주 전부터는 수강생들이 배운 내용을 바탕으로 강의시연을 한다. 3개월 과정이 끝나고 이미지메이킹 자격을 취득했다.

강의하면서 만나게 될 학습자들은 직업, 나이, 성별이 다양했다. 어떤 대상을 만나더라도 공감대를 형성하기 위해 사회복지사, 평생 교육사, 직업 상담사, 학습 코치 등 강의에 도움 되는 수료증, 자격증을 준비했다. 학습 장소는 지역을 가리지 않고 달려갔다. 심리학, 리더십, 코칭, 커뮤니케이션 공부도 했다. 장거리 이동 시 자동차 안에서는 명강사들의 오디오북을 들었다. 창조는 모방에서 나온다. 강의 기법은 명강사들의 강의를 참고해서 나만의 색깔로 만들어 냈다. 하루의 시작은 미라클 모닝으로 했다. 아침 5시 기상으로 명상하고 그날의 일정 체크와 책도 읽었다. 하루 24시간을 28시간처럼 밀도 높게 사용했다.

말콤 글래드웰 저가의 책『만 시간의 법칙』에서는 이렇게 말했다. 10년 동안 하루 3시간 똑같은 일을 하면 만 시간이 된다. 한 분야에 십 년을 일하면 전문가로 인정받는다. 전문가로 인정받기 위해서는 내 시간을 먼저 내주어야 한다. 미래 꿈을 이루기 위한 곳에만 시간을 사용했다. 꿈과 관련 없이 소비되는 불필요한 시간을 찾아내고 효율적인 시간 사용을 위해 우선순위대로 계획했고 실천했다. 학력 보완 학위 공부, 경력에 필요한 관련 자격증, 수료증, 운동하는 데 시간을 보냈다.

"공부는 왜 해? 그냥 대충 살지!" 하던 사람들이 10년이 지나자, 관심을 보이기 시작했다.

"인생이 달라지는구나! 하면 되는구나!" 인정해 주었다. 계단식으로 변화되는 것이 인생이다. 더 높은 곳에 가고 싶고, 더 먼 곳을 보고 싶다면 계단을 계속 올라야 한다. 매일매일 꾸준하게 오르는 것이 인생이 바뀌는 법칙이다.

인생에 엘리베이터는 없다. 한 계단 한 계단 오르는 방법뿐이다.

초심을 잃지 않고 박사가 되다

남편의 사랑이 클수록 아내의 소망은 작아지고, 아내의 사랑이 클수록 남편의 번뇌는 작아진다. 남편은 성실하고 대인관계가 좋은 사람이었다. 회사에서 배려심 있고 친화력도 좋았다. 동료들과는 연배도 비슷해서 가족 모임, 동호회 모임도 만들어서 여행, 볼링, 낚시를 함께 다녔다. 여행은 제주도, 서울, 강원도, 스키장을 갔고, 여름휴가 때는 동해, 지리산 계곡으로 더위를 피해 갔다. 남편의 직장도 안정되고 아이들도 건강하게 잘 자랐다. 내 인생이 이렇게 행복해도 되나? 라는 생각이 문득문득 스쳤다. 내가 그토록 소원했던 따뜻한 가정과 행복을 찾았다. 남편을 위해 저녁 식사를 준비하는 시간은 콧노래가 절로 나왔다. 잡곡과 밤, 대추, 은행이 들어간 영양밥과 반찬은 콩나물무침, 두부 부침, 갈치구이, 김, 된장찌개로 소박한 상차림이었다. 가족들과 둘러앉아 먹는 밥은 사랑 한 숟가락, 웃음 한 숟가락이었다. 식탁 중간에는 '행복'이 화병에 꽂혀 있다. 가족들과 하루를 시작하고 마무리하는 재미에 빠져 살았다. 큰 언니한테 전화가 왔다.

"○○○ 집을 팔려고 하는데 혹시 집 살 생각 있니?"

"응? 왜 집을 팔려고?"

"형부 사업 자금 때문에 돈이 필요해. 다른 사람한테는 팔기 아까워서 먼저 연락해 보는 거야."

"언니! 사고는 싶은데 돈이 없어! 남편과 의논해 보고 연락할게."

"그래! 의논해 보고 연락해."

언니는 당시 집이 여러 채 있었지만, 그 집을 특히 좋아했다. 집의 방향이 햇빛도 잘 들고 구조도 편리하게 되어 있었다. 언니한테 며칠 뒤 연락했다. 자매간이라도 돈거래는 정확하게 해야 한다. 남편과 대출을 받아 집을 사기로 했다. 새집으로 이사 온 첫날 행복해서 잠이 오지 않았다. 행복이 바로 이런 기분이구나! 꿈꾸던 이상을 현실로 이루었다. 결혼하고 예쁜 아이와 내 집도 마련했다. 인생에서 가장 행복한 순간을 꼽으라면 주저 없이 그때라고 말한다. 천사가 곁에서 도와주었다. 바람이 등 뒤에서 불어 주었다. 저절로 콧노래가 나왔다. 행복에 취해 있던 어느 날 남편이 데이트를 청했다.

"뭔 일이래? 데이트 신청을 다 하고?" 저녁을 먹으면서 남편이 조심스레 말을 건넨다.

"요즘 회사 상황이 좋지 않아! 명예퇴직 희망자를 모집해."

"명예퇴직? 그게 뭔데요?"

"회사가 어려워져 자진 퇴사할 사람을 모집한다는 거지. 쉽게 말하면 회사 그만두라는 이야기야."

"회사 그만두면 안 되죠. 아이들 공부시키려면 수입이 안정되어야 하는데."

"나도 알지. 의논하는 거잖아. 알고는 있으라고. 앞으로 어떻게 될지 몰라."

"아이들 생각해서 회사 다녔으면 좋겠어요."

"나도 그러고 싶은데 회사가 어려워서 오래 다니지는 못할 것 같아."

"힘들겠지만, 성급하게 결정 내리지 말고 함께 고민해 봐요. 다른 대안도 없잖아요."

남편은 알겠다고는 했지만, 폐 깊숙한 곳에서 올라오는 한숨을 내쉬었다. 집안에 웃음소리가 끊이질 않았는데 명예퇴직 이야기가 나온 이후 집 안 공기가 달라졌다. 웃음소리는 들리지 않고 무표정과 부부간 대화가 짧아지기 시작했다. 또한, 남편의 퇴근 시간도 점점 늦어졌다. 술도 잘못 먹는 사람이 술 먹는 횟수도 잦아졌다. 다정다감한 남편이자 아이들과 함께 놀아주었던 아빠는 사라졌다. 명예퇴직 희망자 모집이 1차, 2차, 3차까지 진행되자 남편은 극도로 예민해졌다. 동료들 하나둘 회사를 그만두고 부부 모임에 친하게 지내는 동료들 모두 명예퇴직을 했다. 남편은 명예퇴직과 동시에 긴긴 방황이 시작되었다. 남편은 누구보다 열심히 살았고, 성실히 살아온 자신에게 이런 일이 생긴 것을 인정하지 못했다. 부부간의 갈등의 골도 깊어졌다. 남편의 실업과 방황이 장기전으로 가다 보니 부부싸움이 잦아졌다.

공부하는 시간은 마음의 평화를 유지하기에 최고였다. 유일하게 공부하는 시간이 나만의 시간이고, 힐링의 시간이고 고요함의 시간이었다. 세상 시끄러운 소리가 들리지 않았다. 공부 속으로 빠져들었다. 공부하는 시간 동안은 상황이 안 좋은 것이 생각나지 않았다. 그래서 공부에 더 몰입했는지도 모른다. 머리가 맑아졌다. 세상 어떤 놀이보다 흥미롭고 마음의 외로움을 채워주었다. 박사를 졸업하니 지인들은 축하와 더불어 부러워했다.

"옥 박사! 수고했어."
"네! 감사합니다."
"옥 박사도 대단하지만, 남편도 훌륭해! 남편이 능력 되니까 박사까지 할 수 있었잖아! 남편한테 평생 잘하고 살아!"

"네! 잘 알겠습니다."

남편 능력 있다는 말에 기분 좋다. 외조도 잘해주는 사람이다. 내가 하는 일에 적극적으로 응원해 주는 사람이다. 시집 잘 가서 팔자 좋게 공부한다며 부러워한 사람들의 말도 맞다. 하지만, 공부하는 중간에 남편의 명예퇴직으로 힘든 시기도 있었다. 공부하면서 포기하고 싶은 순간이 수만 번이었지만, 내가 공부하는 이유는 '가족들과 함께 만들어 가는 아름다운 가정'이라는 초심을 되새겼다.

남편한테 의존하지 않고 독립적으로 삶을 개척해 나갔다. 엄마로 아내로 포용할 수 있는 그릇의 크기를 키웠다. 평생학습은 나 자신과 우리 가족을 지켜냈다. 남편은 예전의 다정한 모습으로 돌아와 있었다. 인생이란? 삶의 고통을 잘 풀어나가면 축복이 기다린다. 꿈보다 해몽이다.

순간순간이 아름다운 마무리이자 새로운 시작이어야 한다.

마치는 글

평생학습으로 초대받다

공부를 시작하고 박사 졸업까지 강산이 여러 번 바뀌었다. 강산이 변함과 동시에 직함도 선생님, 원장, 대표, 강사, 박사, 교수로 바뀌었다. 공부하는 동안 여러 가지 문제가 있었다. 일과 육아 병행, 남편 명예퇴직, 건강, 경제적 문제 등 걸림돌이 많았다. 사고를 전환해 해석을 바꾸었다. 걸림돌을 디딤돌이라 생각하고 딛고 올라섰다. 걸림돌을 디딤돌이라 생각하고 넘어 보니 다음 디딤돌이 기다리고 있었다. 그렇게 한 계단한 계단씩 올랐다. 욕심내지 않았다. 나만의 페이스로 전진했다. 가족들과 지인의 '공부는 해서 뭐해?', '편히 살자.', '대충 살자.'와 같은 편안하고 달콤한 말에 휘둘리지 않았다. 내가 선택한 학습의 길이 최고의 길이고, 최선의 길이었다. 나 자신을 믿고 나의 선택을 믿었다. 공부하는 동안은 무념무상이었다. 세상 평화로웠다. 평생학습에 초대되어 변화된 3가지는 다음과 같다.

첫째, '세상을 향해 웃고 있다.' 세상을 원망하고 분노의 감정을 쏟아냈다. 평생학습을 하면서 웃음과 포용으로 세상을 대한다. 세상은 내 편이라는 것! 세상은 마음껏 도전할 수 있는 무대인 것을 경험했다. 세상이라는 무대에 주연배우가 되어 도전했다. 도전은 나만의 색깔로, 나만의 이야기로 차곡차곡 쌓아갔다. 도전하는 것이 즐거웠다. 좋은 결과만 기대하면 도전할 수 없다. 결과에 상관없이 도전하는 과정에 의의를 둔다. 실패하더라도 경험에서 얻는 배움이 크다. 세상이 준 만큼 나도 도움 되는 사람이 되고 싶었다. 받은 만큼 돌려주고 싶었다. 세상은 아름다운 곳이고 하고자 한다면 누구에게나 도울 준비를 하고 있다. 세상을 보고 활짝 웃자. 먼저 손을 내밀자. 세상이 손을 잡고 함께 해줄 것이다.

둘째, '성공은 다른 사람을 통해 이루어진다.' 다른 사람 도움 없이 이루어 낼 수 있는 것은 아무것도 없다. 주위 사람들이 지금의 나를 만들었다. 비즈니스 상황에서 나를 선택해 주는 것 역시 사람이다. 변호사 사무실을 개원해도 의뢰인이 와서 사건을 맡겨야 수입이 생긴다. 학생이 있어야 강의하고, 학습자가 있어야 강단에 설 수 있다. 뮤지컬도 관객이 있어야 공연을 할 수 있다. 결국은 사람이다. 사람이 재산이며, 사람이 희망이다. A를 도와주었다면 그것이 끝이다. 내 손을 떠난 선행은 잊어야 한다. 사심 없이 주어야 한다. 반대급부를 바라고 선행을 하면 서운한 감정이 생기게 되고 관계가 나빠진다. 인생 에너지 총량은 정해져 있다. 선행의 씨앗을 뿌리면 오랜 시간이 지나 싹이 나고 잎이 나고 열매가 되어 누군가에게 도움이 된다. 그것만으로 충분하다. 내 것을 먼저 주자. 내 손을 먼저 내밀자. 다른 사람 성공을 돕는 사람이 되자. 그것이 내가 성공하는 방법이다.

셋째, '나다움이다.' 인생에서 가장 중요한 것은 자기를 아는 것이다. 자기를 알아간다는 것은 평생학습이자 숙제다. 자신에 대해 끊임없이 질문하고 답하는 과정을 반복해야 한다. 남매 듀오 악동뮤지션(AKMU)의 노래 〈후라이의 꿈〉은 창의적인 가사와 멜로디로 공감과 위로의 메시지가 담겼다. 〈후라이의 꿈〉이라는 노래 가사 중 일부를 공유한다.

"나도 꾸물꾸물 말고 꿈을 찾으래. 어서 남의 꿈을 빌려 꾸기라도 해. 내게 강요하지 말아요. 이건 내 길이 아닌걸. 내밀지 말아요. 너의 구겨진 꿈을. 난 차라리 흘러갈래. 모두 높은 곳을 우러러볼 때. 난 내 물결을 따라 (hey). Flow, flow along, flow along my way (way, way)."

누군가에 떠밀려 가는 꿈, 남 꿈 따라가는 꿈은 내 것이 아니다. 내 꿈 찾는데 조금 늦어도 괜찮다. 포기만 하지 않으면 된다. 자기만의 속도가 있다. 두 주먹 불끈 쥐고 달려도 자신의 속도가 아니면 멈추고 다시 돌아와야 하는 것이 인생 법칙이다. 두 주먹을 펴고 충분한 시간을 두고 자신만의 속도로 가자. 꿈을 외부에서 찾지 말고 내면과 질문하고 대화하자. 나의 에너지를 믿고 나다울 때 편안해진다. 불안하고 긴장하고 경쟁했던 마음이 눈 녹듯 사라진다. 나다울 때 자신감이 생긴다. 당당함이 나온다. 자존감이 올라간다. 내 삶의 주인은 나다. 아름답다.

　글을 쓰면서 공부하면서 세상, 환경, 상처 준 모든 사람을 용서하게 되었다. 과거 실수투성이와 누군가에게 아픔을 주었던 나 자신도 용서했다. 마음에 평화가 찾아왔다. 행복해졌다. 홀가분해졌다. 삶의 길이 힘들고 고난의 길이라 생각했다. 생각이 바뀌었다. 뒤돌아보니 나의 길은 꽃길이고 비단길이었다. 인생은 직면한 문제를 어떻게 해석하느냐에 따라 해답이 다르다. 평생학습은 나를 찾아가는 시간이었다. 인생 비전도 달라졌다. 개인만을 위한 인생이 아니라 더불어 살아가는 삶으로 바뀌었다. 평생학습이 나에게 준 선물을 독자들과 함께 나누려 한다. 주위의 도움으로 여기까지 왔다. 환경 때문에 힘들어하는 독자에게 한 줄기 빛이 되고 싶다. 독자 여러분은 더 잘할 수 있을 거라는 희망을 주고 싶다. 배는 항구를 출발할 때 거스른다. 인생도 마찬가지다. 인생은 흔들리고 흔들림 속에서도 중심 잡고 전진하는 것이 우리의 몫이다. 두려워 말고 도전하기를 기대한다. 겁먹지 말고 세상을 향해 나가자.

평생학습 실천가

옥제영

참고 문헌

1. 토니로빈스, 『퓨처 셀프』, 상상스퀘어, 2023
2. 존 레이티, 『운동화 신은 뇌』, 녹색지팡이, 2023
3. 김난도 외 10명, 『트렌드 코리아』, 미래의 창, 2018
4. 김경호, 『이미지메이킹의 이론과 실제』, 높은 오름, 2020
5. 백종순, 김재환, 『교육의 실천적 지식』, 창지사, 2014
6. 이현우, 『책에 빠져 죽지 않기』, 고유서가, 2018
7. 론다번, 『시크릿』, 살림BIZ, 2007
8. 한상원, 『니체의 짜라투스트라는 이렇게 말했다』, 한국철학 사상 연구회, 2023
9. 기영노, 『할 수 있다』, 시간의 물레, 2016
10. 강창희, 『50부터는 노후 걱정 없이 살아야 한다』, 포레스트북스, 2021
11. 오가와유리, 『은퇴 남편 유쾌하게 길들이기』, 나무생각, 2009
12. 안병익, 『커넥터의 힘』, 영림카디널, 2016
13. 클라우스 슈밥, 『제4차 산업혁명』, 메가스터디 북스, 2016
14. 김경일, 『적정한 삶』, 진성북스, 2021
15. 말콤글레드웰, 『아웃라이어』, 김영사, 2021
16. "우리는 어떻게 학습하는가?", 〈경남대학교 출판부〉, 2017
17. "김녕미로공원 故 더스틴 교수 '국민 포장' 수상", 〈KBS〉, 김익태
18. "퇴직걱정에 주경야독", 〈해럴드 경제〉, think@heraldcorp.com, 2024
19. "노년파산 5대 리스크", 〈매일 경제〉, 문일호, 2023
20. "황혼이혼이 늘어나고 있는 이유", 〈YTN사이언스〉, 2023
21. "점으로 연결된 어떤 삶의 이야기", 〈대구신문〉, 배수경, 2022.
22. "변화의 시대 생존을 넘어 성장하는 방법", 〈세상을 바꾸는 시간 15분〉, 2022
23. "당신도 책 낼 수 있다", 〈MKYU〉, 2021
24. "김연아의 명언 여행", blog. naver.com, 제와이피, 2024
25. "하인리히 법칙으로 부터의 영감", blog. naver.com, 리즈답게, 2024

26. "인간이 결혼을 하는 10가지 이유", 〈YTN PLUS〉 정윤주PD, 2016
27. "고딩엄빠", MBN, 2023
28. "당신이 불우한 환경에서 살아왔다는 증거", 포스트웨어, 2017
29. "부모유형 4가지", by seanee19, 2022